यहाँ एक गाँव रहता था

(काव्य संग्रह)

हेमन्त कुँवर गोपाल

PRACHI
DIGITAL PUBLICATION

Title : Yaha Ek Gaon Rahta Tha

Author : Hemant Kunwar Gopal

Edition : 1st (January, 2025)

ISBN : 9788197950551

Published by

PRACHI
DIGITAL PUBLICATION

Regd. Add.: 254, Khuriyakhatta No. 10, Bindukhatta,
Lalkuan, Nainital - 262402, Uttarakhand, India
Website : www.prachidigital.com
E-mail : info@prachidigital.in
Phone : +91 976041 7980, +91 976041 8103

Printed by :
Manipal Technologies Limited, Bengaluru - 560001, Karnataka

अनुक्रमणिका

लेखकीय

दौर कोई भी हो खोज सदैव चलता रहा है। यहाँ हर एक मनुष्य कुछ ना कुछ खोज करता रहा है। खोज सिर्फ़ विज्ञान की ही नहीं होती। शब्दों की, भाषा की, परिवर्तन की, लाखों ऐसी संभावनाएँ हैं जिस पर हम मनुष्य खोज करते ही रहते हैं। समय के साथ हम सबकी जीवन शैली बदली। रिश्तों के मायने बदले।समय समय पर इसी समाज के द्वारा तिरस्कृत किए गए, फिर इसी समाज ने हमारी चीजों को, हमारी सोच और जीवन शैली को अपनाया भी। हमें एक ही बात सिखायी गई कि शिक्षा का मतलब धन अर्जित करना। जहाँ से मैं देख रहा हूँ, वहाँ समाज में शिक्षा का बहुत बड़ा अभाव है। हम किताबों को ही शिक्षा मान बैठे हैं।

मैं जब स्कूल फिर कॉलेज फिर यूनिवर्सिटी जाने लगा, तो परिवार और समाज का दबाव बढ़ने लगा, ख़ुद पर से मेरा विश्वास कमजोर पड़ने लगा। मैं अपने से ही जूझता, ख़ुद से ही संघर्ष करता। मेरी लड़ाई सदैव मेरे से ही रही है। जब समाज की मनोदशा देखा, दुख हुआ। बदल तो नहीं सकता, पर हाँ कुछ शब्द मेरे मन मस्तिष्क में घूमने लगे। देखते-देखते मैं कब इन शब्दों को जोड़ने लगा पता ही नहीं चला और वही दबे कुचले शब्द एक कविता का रूप लेने लगे।

पाठक मेरी कविता संग्रह को किस रूप में देखते हैं, मुझे नहीं पता। लेकिन एक बात ज़रूर है कि मेरी लिखी हुई कविता एक कहानी को दर्शाती है।

-हेमन्त कुँवर गोपाल

दिन या रात

आज कुछ अज़ीब हुआ,
सूरज नहीं दिखा पर
निकला तो होगा,
फिर कहाँ गया
शायद बादलों से
उसकी ठन सी गयी होगी,
ज़रूर बादलों के कई झुंड
सूरज के सामने आ गए होंगे
और ठान ली होगी,
आज तुम्हें धरती पर उतरने नहीं देंगे
और सच हुआ,
सूरज नहीं दिखा,
बहुत ढूँढा इधर-उधर देखा,
कुछ पता नहीं चला,
कि आज दिन है या रात,
कहीं हम रात में तो नहीं जाग गए,
पर रात में सड़कों पर इतनी
भींड क्यों भला होगी,
पूरी रात दुकानें क्यों भला खुली रहेंगी,
नहीं यह दिन ही है,
वो कहीं और करोना से
लड़ने गया होगा मेरा सूरज।

कभी यूँ ही

कभी यूँ ही फ़ुर्सत में बात
कर लिया करो कभी यूँ ही
बिन कुछ कहे मुझे जी भर के
निहार लिया करो,
बातों का क्या, यह तो होती रहेंगी,
कुछ पल निकालकर,
मुझे भी सोच लिया करो
लड़ना झगड़ना तो चलता रहेगा,
ख़ामोशी से कभी, मुझे छू लिया करो
एहसास कभी मरता नहीं
जीवन कभी रुकता नहीं
कभी दिल में रखकर
मुझे भी महसूस कर लिया करो,
जीवन की इस आपाधापी में
शायद रास्ते कभी बदल जाएँ
पर फिर से कभी मिलने का
फिर एहसास करा दिया करो
कभी यूँ ही मुझे भी थोड़ा वक़्त दिया करो।

लड़ाई

ग़ज़ब की है यह लड़ाई, ग़ज़ब की है पढ़ाई, कहाँ तुम पढ़े
कि आज इतना अड़े, वहीं से तो हम भी पढ़े
धर्म जाति से ऊपर उठे पूछो इन युवाओं से पूछो
उनकी माँओं से, कल हम कहाँ थे
आज हम कहाँ हैं, एक चिंगारी
सुलगने की देर है और तमाशा आरम्भ,
तमाशा ऐसा ना आदि ना अंत, सबकी शिक्षा एक,
गुरु भी एक, एक बना अर्जुन
तो दूसरा दुर्योधन, गुरुकुल से निकलते ही
बने एक दूसरे के शत्रु, कैसी यह कटुता रचित,
कैसा एक आँगन हुआ खंडित, बिखर गया
साम्राज्य सारा, सिंहासन का लोभ,
सीमाओं की तृष्णा खींच दी लकीर धर्म और अधर्म के बीच,
कौन सही कौन ग़लत ये निर्णय करे कौन,
कृष्ण तो भगवान थे सबका भला वो चाहते थे,
भक्त दोनों पास थे और दोनों ही बड़े ख़ास थे,
सबकुछ ही वो जानते थे फिर भी क्यों युद्ध ही वो चाहते थे,
चाहते वो अगर, दो धरा कर सकते थे,
चाहते वो अगर दो राज्य रच सकते थे,
चाहते वो अगर एक राज्य दुर्योधन को
तो दूसरा युद्धिष्ठिर को दे सकते थे,
पर नहीं हुआ कुछ भी ऐसा,
हुआ वही जो कभी सोचा नहीं,
सत्य और असत्य में कर दिया विभाजित सहोदर को,
बस एक पत्थर ही तो फेंकनी है,
कहाँ हुई है इनकी पढ़ाई,

जो लड़ते हैं और जो लड़ाते हैं,
मज़हब का यह खेल है निराला
क्या करें कुँवर गोपाला,
जो लड़े थे वो आज पड़े हैं
और जो लड़ाए थे वो ही आज खड़े हैं,
सदियों से चला ये खेल है,
अच्छे अच्छे इसमें फ़ेल हैं,
अच्छा है सब अच्छा है पर हश्र दोनों का बस एक है,
किसी का आज तो किसी का कल,
यह आज कल के चक्कर में तुम क्यों घिरे हो,
आख़िर क्यों लड़ते हो,
दूसरे के कंधे पर तुम क्यों बैठते हो, क्यों टूट जाते हो
ज़रा सी बात पर,
बिगड़ जाते हो अपनी ही जात पर,
लड़ाई तो लड़नी है पर कब कहाँ और किससे यह तुझे तय करना है।

आज की कविता

हे मनुष्य आज की कविता कर जीवन को निर्मल और
मानवता का आभाष कर, कर सुलभ इस प्रकृति को,
कर सुसाध्य इस मन को, कल को क्यों रोता है,
इस क्षण को क्यों खोता है,
बड़ा ही मंजुल बड़ा ही अकलुष अपने जीवन का हर यह पल,
कल कल करती नदियाँ जैसे
हर क्षण बहती मंजुल धारा, समय नहीं कभी ठहरता,
नदी का पानी कभी ना रुकता,
पहुँचेगा उस धाम को एक दिन,
मिलेगा तुमको मान एक दिन, चित्त को अब एकाग्र कर
समय बदला है फिर बदलेगा, जीवन को फिर नया आयाम मिलेगा,
तन को नया जहान मिलेगा, मिला है सबको और मिलेगा,
तूँ बस आज की यह कविता कर, सदियों से तुम जीते आये,
अपने पौरुष के बल निरंतर राहें बनाते आये,
ना थका कभी ना रुका कभी
हर काल को अपना करते आये, आज शब्द कुछ नया चुनो
आज बात कुछ नया कहो,
हे मनुष्य आज कुछ नया कर, आज बस आज कि तू कविता कर।

मई की धूप

मई महीने की धूप नीचे तपती मिट्टी मेरे खेत की,
नंगे पाँव चलना जैसे आग के शोलों पर बढ़ना,
भला खेतों में चप्पल पहन के थोड़े ही चलते,
पानी का इंजन कभी छोड़ता तो कभी पकड़ता,
सूरज की धूप में माथा ही चकरा जाता,
बड़ी मुश्किल से पानी चला मानो मिट्टी कब की प्यासी हो,
आख़िर कब से इंजन चल रहा पानी कहीं ठहरता ही नहीं,
मैं भी थक हार कर नुक्कड़ पर चला आया की कुछ देर छाँव में बैठें,
सूरज धीरे धीरे पश्चिम में आ गया
अब पानी खेत में थोड़ा ठहरने लगा था,
आसमान साफ़ था कुछ बादल चिढ़ाते
ऊपर से निकल जाते की मैं नहीं बरसूँगा,
सारस का जोड़ा एक कोने पर अपना भोजन ढूँढते
और अठखेलियाँ करते। पानी अब मेंडों पर चढ़ने लगा था,
कुछ बगुले ख़ाना चुगने और आ पहुँचे मानो
की मिट्टी की प्यास अब बुझ गई हो,
बहते पानी में ठहरी मिट्टी मेरे तलुवों को असीम ठंडक दे रही थीं,
मई महीने की धूप बहुत तीखी है
पर खेत की भी तैयारी जो करनी थी,
अगली फसल जो बोनी थी। जब खेतों में पानी ठहरने लगा
तो कुछ चूहे बिलों से बाहर आ गये,
अब उन्हें भी समझ नहीं आ रहा था की
यह अचानक बाढ़ कैसे आ गई,
वो जायें तो किधर जायें,
तभी कुछ कौवों का झुंड आता है
जो पहले से ही भोजन की तलाश में थे,

अब इतनी मिट्टी में जहां पानी लबालब भरा हुआ है
कैसे अपना शिकार ढूँढ लेते, फिर क्या उनका
निशाना कामयाब रहा, ताज़ा ताज़ा भोजन जो मिल गया।
हाय रे मई की गर्मी किसी को जीवन देती तो
किसी का जीवन लेती।

कच्ची सड़क

मुझे याद है वो सड़क जो ईंट की बनी थी,
बैलगाड़ी और ट्रैक्टर के मोटे पहियों से समानांतर धँस गई थी,
साइकिल सवार किनारे की कच्ची सड़क पर चलते,
जो कहीं उसमें भी खड्डा होने पर ईंट की टूटी
सड़क पर चलना ही पड़ता था, मुझे याद है वो रास्ता,
जब कभी साइकिल मुझे मिलती और कच्ची
सड़क पर दूर से ही कोई खड्डा नज़र आता तो ना
चाहते हुए भी टूटी ईंट की सड़क पर
साइकिल उतारनी ही पड़ती और रफ़्तार में होने पर अचानक
जब अगली पहिया किसी ईंट पर पड़ता तो मानो नितंब पर
किसी ने हथौड़ा मार दिया हो और
अगली बार ऐसा ना हो सो पहले ही दोनों पैडल पर
खड़े होकर नितंब को सीट से ज़ुदा कर देते,
मुझे आज भी वो दर्द याद है,
कैसे भूल जाऊँ वो दिन जब चोरी से अम्मा
और बड़ी अम्मा से कह कर साइकिल लेकर दो रजिया
गेंहू झोले में रख बनिया की दुकान पर बेच,
शहर से एक बड़ा सा ख़रबूज़ा
ख़रीद कर करियर में दबा
उस चिलचिलाती गर्मी में घर आता
और फिर सब यही कहते
लड़िका घामे में परेशान होगे
मुझे आज भी याद है वो कच्ची सड़क..।

धधक

अखंड यह देश है अखंड ब्रह्मांड है अखंड हैं
भोले अखंड विश्वेश्वराय हैं,
अखंड है ज्योति अखंड सम्प्रदाय है,
धाँय धाँय करता वो टुकड़ा अब शांत है,
ना गोली ना बारूद अब दुश्मनों की टोली,
खेलने को मजबूर है अब हर बरस की होली
बढ़ चला है देश मेरा बदल चुका है वेष मेरा,
तन और मन से पुकारता यह गाँव मेरा,
बदलने को बुनियाद जर्जर पड़ी दीवार,
नहीं रुकेगा कारवाँ बढ़ चला समाज,
यह बात बात के क़ानून को तोड़ चला यह देश मेरा
अखंड यह देश मेरा..।

ज्येष्ठ का महीना

ज्येष्ठ का महीना है, गर्मी अपने चरम पर है,
खेतों में दरारें साफ़ दिख रही हैं,
इन दरारों ने मुझसे कहा तुम भी कितना पानी पिलाओगे,
मैंने कहा कोशिश करता हूँ, फिर क्या लगा दिया इंजन,
घंटों लगे पानी खींचने में,
पानी जब आया मेरी मिट्टी खेतों
की गुनगुनाने लगी नाचने गाने लगी,
कुछ देर मैं भी उनके बीच ठहरा रहा,
जीवन का ऐसा सुखद आनंद कोई हो नहीं सकता,
ठंडे पानी के स्पर्श मात्र से मेरे तलुवे से होते हुए शिखा
तक रोम रोम प्रफुल्लित हो गया,
ज्येष्ठ माह की गर्मी से जो धरती तप रही थी,
दरारों में बैठे जीव जंतु कब से आस लगाये
डरे सहमे नीचे कहीं जा कर कितने ही दिनों से दुबके थे,
आज सब सतह पर जल क्रीड़ा करने लगे,
इनके साथ ही आसमान में विचरने वाले पक्षी भी
जल क्रीड़ा करने भोजन ढूँढने धरा पर उतर आये,
कोयल कौवा बगुला सारस सब अपनी जाति भुला
एक साथ मेरी खेत की मिट्टी में लोटपोट हो रहे
आनंदित रोमांचित हो रहे, ज्येष्ठ की तपन मुझे भी
अब रोमांच से भर दिया, पछुवा हवा
जब ठंडे पानी के ऊपर से गुजरती मानों देव गण
अपनी आशीर्वाद की पोटली ठंडे हाथों से
हमें सहज़ और मंत्रमुग्ध करने शीतल करने
ज़मीन पर उतार दिया हो, यह ज्येष्ठ की गर्मी।

साक्षात्कार

अब मेरा साक्षात्कार
शुरू हुआ, जीवन से
थोड़ा रूबरू हुआ, अभी
अभी तो आरम्भ हुआ
शायद यह पहला ही
सवाल हुआ की मैं
अपने में ही उलझ
गया, अभी तो असल में
जीवन शुरू हुआ पहली
ही सीढ़ी पर डगमगा
सा गया अब आगे क्या
अब आगे क्या, पहला
ही यह अनुभव
था, शायद ऐसा सबके
साथ हुआ और मैं कैसे
अनभिज्ञ रहा क्या सच
है, यह बड़ा अपवाद
हुआ, अब आन पड़ा यह
पहर, प्रहार ही प्रहार मेरे
सर पर, सच क्या झूठ
क्या अपना और पराया
क्या, बड़ा ही मन बेचैन
है बड़ा ही तन परेशान
हुआ, क्या करें क्या ना करें
ऐसे चलें या वैसे, कैसे
कैसे हैं लोग यहाँ, एक

नहीं कई रास्ते यहाँ
भागूँ तो मैं भाग ना सकूँ
रुकने का तो अवसर ही
नहीं, जानूँ तो मैं
किसको जानूँ मानूँ तो
मैं किसको मानूँ
पहला ही तो यह
सवाल हुआ इस
साक्षात्कार में बड़ा ही
बवाल हुआ। अभी तो
सीढ़ी और भी है
साक्षात्कार तो अभी
और भी है...।

रुक जाता हूँ..

रुक जाता हूँ जब कहीं जाना होता है
कुछ पल बिल्कुल ही ख़ामोश रहता हूँ
फिर धीरे धीरे सोचता हूँ अगर नहीं जाऊँ वहाँ
तो क्या होगा बल्कि चंद पैसे ज़रूर बच जाएँगे,
यह काम तो कल भी हो सकता है
फिर आराम ही कर लो और फिर नहीं जाता फिर
वही चार दिवारी और छत को निहारता
रहता और जाने क्या सोचता रहता,
फिर रोज़ की तरह दीवार में पड़ी सीलन को महकता
और चूना पुती पपड़ी, जो एक जगह फँस के झूल रही थी
उसको उँगलीयों से खरोंच के नीचे गिरा देता की
यही एक बहाना बाक़ी रहता की
रुक जाता हूँ जब भी कहीं जाना होता।

सरहद

मेरे सपने में अक्सर वो सरहद दिखता है और दिखता है
सुनसान पड़ी लम्बी सी कँटीली तारों का एक घेरा
जो बहुत दूर तक जाती है, यह हमारी सीमा है
जिसे सरहद हाँ सरहद ही तो कहते हैं,
कुछ घड़ी ऐसे ही निहारता रहता और फिर कोई सिर दिखता
एक मोटा सा फेटा बांधे जो अपनी भेंडो को
हांक रहा होता, शायद वो भी ऐसा ही कुछ सोचता होगा
मेरे बारे में और फिर हम दोनो कुछ पल
एक दूसरे को यूँ ही देखते घूरते रहते और सोचते रहते
की यह सरहद ना होता तो क्या होता,
हाँ शायद दोनों तरफ़ एक छोटा सा गाँव होता,
जहां कुछ इंसानों की बस्ती होती, उनकी झोंपड़ी के बाहर
भेड़ बकरी या फिर कोई दुधारू जानवर होते,
बस्ती के बीच में एक कुँआ होता
जिसमें एक चरखी होती पानी खिंचने के लिए,
कहीं दूर गोबर का ढेर होता उपले बनाने के लिए,
बीच में रेल की पटरी होती,
जो दोनों तरफ़ के इंसानों को ढोती
और एक नया दौर शुरू होता सरहद का
फिर कुछ लिखने बोलने या गुप्तगु का बहाना होता,
पटरी के दोनों तरफ़ सप्ताह में एक बाज़ार होता,
दोनों तरफ़ के रोज़मर्रा ज़रूरत के सामान का आदान प्रदान होता,
काश यह सरहद कुछ ऐसा होता जो अक्सर ही मेरे सपने में दिखता है..।

तन्हाई

इस हद तक तन्हाई है कि हर कोई यहाँ तनहा है,
तन्हाई में भी हर तनहा को मैंने ख़ुश होते देखा,
मगर तनहा तनहा ही होता है जब वक़्त बुरा सा आ जाता,
अपना कौन सिवा तन्हाई के हर कोई यह कहता फिरता,
जब तनहा तनहा होता है तो बात कहाँ तक होती है,
फिर कहते, अपने सब मशगूल रहे अपना गुल कुछ खिला नहीं,
तन्हाई जब हाथ लगी तो मुझसे जुदा वो हो ना सकी,
मौसम तो फिर भी आता जाता, पर तन्हाई की बात निराली,
जाने क्या गोपाल लिखे हैं तन्हाई तक़दीर हमारी,
बचपन में जब लगे बुढ़ापा भरी जवानी खा गयी
समझो यह तक़दीर हमारी तन्हाई ही साथ निभायी,
तनहा तनहा फिरता फिरता जब बैठा एकांत में सोच पड़ा हूँ
रो पड़ा हूँ जब देखा प्रशांत में, ठहरा रहता शांत रहता
मन मसोज़ कर पड़ा रहता, लोगों को आता जाता देख
मन ठिठोली करने को आमादा करता,
रह ना पाता जब वो शांत लहरों को देता इख़्तियार,
जा तूँ उनको छू के आ, जा तूँ उनको चूम के आ,
थक हार के इन लहरों का जब प्रशांत मिलन हो जाता,
फिर पड़ा एकांत में तनहा तनहा होता,
तन्हाई का आलम यह रात उबर ना पाती
फिर ख़ामोशी से ओढ़ के चादर तन्हाई को गले लगाती।

सरगोशी

सारे गाँव में यह सरगोशी रही
की आज वो फिर ना आयी
और यह सरगोशी आग की तरह
धीरे धीरे फैलती जाती
जैसे पत्तों का कोई ढेर
आहिस्ता आहिस्ता धूँए से
आग में तब्दील हो जाती,
यह सरगोशी की आज
फिर वो ना आयी,
शाम रात की तरफ़ बढ़ती ही
जा रही थी, झींगुरों की आवाज़
और तेज़ होती जा रही थी,
रात के खाने के बाद अक्सर
गाँव में सरगोशी होती और
यह आम होती जाती
कि आज भी वो फिर ना आयी,
आख़िर वो आती तो कैसे
नन्हे मुन्ने के दूध का
जो सवाल था, जो सबको पता था,
पर अक्सर गाँव में कोई ना कोई सरगोशी
छायी रहती, एक माँ जिसका दूध पीता बच्चा
उसकी जिस्म पर निर्भर था,
दूजा उसका घर भी उसी के जिस्म पर,
आख़िर उसके आगे पीछे कोई जो ना थाथी तो सिर्फ़
एक ना ख़त्म होने वाली सरगोशी।

दरवाज़ा

दरवाजा द्वार फाटक सिंहद्वार प्रवेशमार्ग और भी ना जाने
कितने ही नाम, पर मतलब सबका एक ही "दरवाज़ा",
हम सब के जीवन में इस दरवाज़े का बहुत ही ख़ास अहमियत है
जाने कितनी ही बार इसका रोज़ ही सामना करना होता है
जाने क्या है इस दरवाज़े में की इसके बिना हम कहीं
आ जा नहीं सकते यह दरवाजा बहुत मायने रखता है
हर एक इंसान के लिए, दरवाज़े को ग़ौर से देखिए
जाने कितनी कीलों से इसे छलनी किया जाता
फ़िर एक लम्बा काला मोटा सा ताबीज़
जैसा कुछ इसकी गर्दन या क़मर में लटका दिया जाता
जो मेरे यानी हम इंसानों के काम आता और सबको
सुरक्षित रखने और इंसानों से बचाने के लिए,
दरवाज़ा बंद होते ही परिवार सुरक्षित हुआ महसूस करता
और अगर दरवाज़ा खुला रह गया तो,
कई बार रातों में उठकर देखते की दरवाज़ा बंद तो है
वरना कोई आ जाएगा, दरवाज़ा और यह ज़िंदगी
एक दूसरे के पूरक हैं, उस दरवाज़े के बिना ज़िंदगी
भय से भरी अंधेरी रात है,
आख़िर इस दरवाज़े की क़ीमत ही कितनी है बेचो
तो कुछ भी नहीं, पर कितनों का जीवन
और उस जीवन के कितने ही गहने एक कवच में सुरक्षित होते।

शाम की ज़ाम

ज़ाम पी रहा हूँ
एक और शाम पी रहा हूँ,
अब दर्द की दवा नहीं
बस एक और दर्द पी रहा हूँ,
हाहाकार तब भी था
आज भी है,
सड़कों पे बस शोर है,
एक और निवाला खा रहा हूँ,
एक और रात काट रहा हूँ,
एक और दिन गुज़ार दो,
एक और दर्द विदा कर दो,
हर दिन उम्र कम हो जाती,
हर दिन एक दर्द नया हो जाता,
क्यों हम गलती कर बैठते हैं
किसी से आस करके,
उनकी क्यों सोचें जिनका
आना जाना लगा रहेगा,
हम कल भी वहीं थे
आज और कल भी वहीं रहेंगे,
बस फ़र्क़ उम्र का होगा,
हाँ दर्द कुछ नया नया सा होगा,
लो बात करते रहे
और फिर शाम हो गयी,
बोतल है, या ख़ाली हो गयी,
यह तो हर रोज़ की बात हो गयी,
ढक्कन खोला, सूंघा,

फिर होंठों से लगाया
कुछ स्वाद आया,
फिर कल के लिए
हाँ, वही शाम के लिए
एक नए ज़ाम के लिए
सम्भाल के रख दिया...।

चलते रहो

जीवन की इस आपाधापी में
रुकने का नाम नहीं,
बस चलते रहो,
हर मोड़ पर तुझे रोकेंगे लोग
लोगों का क्या बस चलते रहो,
आएँगी बाधाएँ मुँह फाड़े
निगल जाने को तुम्हें,
पर तब भी तुम डंटे रहो
तुम चलते रहो,
तोड़ेंगे तुम्हें जोड़ेंगे तुम्हें
पर वो एक हैं डरो नहीं
बस चलते रहो,
ईश्वर तुम्हारे भीतर है,
जो पहले से तेरे पास है
उसे तुम कहाँ कहाँ खोजते हो,
छोड़ो अब आगे बढ़ो
तुम चलते रहो,
कल का क्या किसने देखा है,
पर आज तुम्हारे पास है डरो नहीं
बस चलते रहो,
गीता का यह उपदेश निराला
अर्जुन तूँ बस धनुष उठा
और आगे बढ़,
तुम चलते रहो चलते रहो
बस चलते रहो।

एक गाँव ऐसा भी था..

यह वो गाँव नहीं जो बचपन में देखा था,
ना दौलत थी ना कोई शोहरत, थी
तो बस एक प्रतिष्ठा, मान सम्मान।
सड़क से पैदल चलते बाबू नमस्ते की
कानों में सुखद आवाज़ थी,
एक चाह एक अपनापन लिए आँखों में सद्भाव था,
ना कोई मोटर थी ना ही
कोई ओहदा, पर लोगों की करुणा लिए
रोम रोम से झलकता प्यार था,
वाह वो भी एक गाँव था,
ना कोई छल था ना ही कोई कपट,
पर यह गुण और अवगुण मनुष्य के साथी हैं,
इन सबके बावजूद लोगों का अबोध प्यार था,
लोगों के पास ख़ाना नहीं था मकान नहीं था पीने का
पानी नहीं था पर ऐसा क्या था की एक दूसरे
के लिये ही बने थे,कैसा वो गाँव था,
अब तो ख़ाना भी ख़ूब है मकान भी आलीशान है,
सब तो है पर लोग नहीं हैं
जो तब थे, वो गाँव नहीं अब,
जो तब था, वो शाम नहीं अब
जो तब था, आग में वो लौ नहीं जो तब था,
रोटी में वो स्वाद नहीं जो तब था,
रिश्तों में वो प्यार वो जज्बात नहीं जो तब था,
कैसा ये गाँव है, यह वो नहीं जो तब था।

कोशिश

ख़ुद को झुका कर लोगों को ऊँचा करने की कोशिश
करता रहता हूँ, भरी बारिश में कीचड़ में उतर कर
रास्ता दिखाने की कोशिश करता रहता हूँ,
यही कोशिश लोग मुझे, कमजोर समझने की कोशिश कर बैठे,
पिछली ग़लतियों को भुला कर वो समझौते की उम्मीद कर बैठे हैं,
आहिस्ता आहिस्ता जाम बनाकर पीने की कोशिश करता रहता हूँ,
हर शाम के बाद ज़ख्मों पे मरहम लगाने की कोशिश करता रहता हूँ,
चलते चलते उम्र के उस पड़ाव पे आ बैठे हैं,
मांस के एक टुकड़े पे कुछ गिद्धों के झुंड आ बैठे हैं,
थकी निगाहों से दूर तक देखने की कोशिश करता रहता हूँ,
पैरों तले ज़मीन को पकड़ने की कोशिश करता रहता हूँ,
ख़ुद को झुका कर लोगों को ऊँचा करने की कोशिश करता रहता हूँ।
अब तो आईना देखे जमाना गुजर गया फिर भी ख़ुद को आईना में
ढूँढने की कोशिश करता रहता हूँ, यह चेहरे की झुर्रियाँ,
माथे की लकीरें, पैरों की फटी एड़ियाँ, कोई क़िस्सा
बयान करने की कोशिश करती रहती हैं,
पर ऐ ज़िंदगी हम तो हर ग़म को भुला
सिर्फ़ तुम्हें जीने की कोशिश करता रहता हूँ।

धूप

आज धूप से दिन भर नहाया,
आसमान से गिरती
उन सूरज की किरणों से,
आज रणभूमि में सिर्फ़
हम दोनों ही थे, मैं और एक धूप,
ना ही कहीं छाँव था और
ना ही मेरी कोई परछाईं,
वो मुझे सहलाता रहा और
मैं लड़ता रहा,
आज मानो मैं और मेरा मैं,
दोनों एक होने की कोशिश में
लगे थे,
आज ऐसा हुआ की जैसे
पहली बार मैंने एक
धूप को देखा,
बस निहारता रहा और नहाता रहा।

यहाँ एक गाँव रहता था

एक गाँव ऐसा भी था जहाँ,
हवा थी धूप थी खलिहान था,
सप्ताह में दो बाज़ार थे,
सूरज उगने से पहले
एक लालिमा थी,
कोयल की कूँ कूँ थी,
नहर था, खेतों में बहता पानी था,
बैलों के संग हल था,
तिराहे पर एक पुल था,
उसपे बैठे लोग बतियाते
और निहारते थे,
दोपहर में सन्नाटा था,
किसानों का एक गाँव था,
बरफ़ वाली साइकिल पे पों पों थी,
एक माना गेंहू में कई सारे
बरफ़ और फ़ोंफ़ी था,
तीज़हर के बाद शाम का
सुहाना मौसम था,
ना ठंड थी ना गर्मी,
बरसात में पानी
सड़क के आर पार थी,
टूटी सड़क पर खड़ंजा
कहीं ऊँखड़ा ऊँखड़ा सा था,
जहां पाँव पड़ते ही
सांस रुक सी जाती थी,
जिस दिन बाज़ार था

उस दिन क्या हाल था,
मानो किसी मेला का सौग़ात था,
ऐसा भी एक गाँव यहाँ रहता था,
जहां औरतें नथुनी बिंदिया झुमका,
या फिर थोड़ा घुँघटा लगाये सब्ज़ी मछली,
मसाला टिकुली होंठ लाली
चूड़ी का मोल भाव करतीं थी,
हाँ सच कहता हूँ ऐसा भी एक गाँव यहाँ रहता था,
दरवाज़े के बाहर एक दुआर था
जिस पर बाबा दादा के बैठने का एक चबूतरा था,
बग़ल में ही गाय भैंस का जमावड़ा था,
घर में एक साथ कई परिवार था,
एक ही उसमें आँगन था,
माटी के चूल्हे पर रोटी की
क्या सौंही सौंही सी ख़ुस्बू थी, आँगन से
सटे रशोइया से लगे एक दालान था,
दूसरे हिस्से में एक ढेंका था,
घर के पीछे के दरवाज़े से खेत में
जाने का यहीं से रास्ता था,
हाँ ऐसा भी एक गाँव यहाँ रहता था,
जब कोई मेहमान आता
तो वो सारे ही गाँव का मेहमान होता,
और जाते जाते सबको रुला जाता,
ऐसा भी एक समय था
हाँ ऐसा भी एक गाँव यहाँ रहता था।

मेरा वो मकाँ

मेरा वो घर, जिसे मकाँ कहते हैं,
आज भी अपनी जर्जर हड्डियों पर गिरता पड़ता खड़ा है, वहीं कब से पड़ा है,
वो चार सीढ़ियाँ अभी भी मौजूद हैं हाँ कहीं कहीं से उनमें लचक आ गयी है,
शायद कुछ ईटों के खिसकने से ऐसा हुआ होगा,
इन सीढ़ियों को लांघते ही एक चौखट जो दो पल्लों
को सम्भाले, एक लोहे की कुंडी लगे दरवाजा को कसके पकड़े,
हमें तकता रहता है, जहाँ से ना जाने कितनी शादियाँ,
कितनी बारात आयी और गयी होगी,
एक कंकाल की तरह खड़ी वहीं पड़ी है, मेरा वो घर जिसे मकाँ कहते हैं,
कभी यूँ ही मन होता की, उस मकाँ में पल भर घूम आऊँ,
बड़ी मुश्किल से थोड़ा ज़ोर लगा के दरवाज़े को हिला डुला कर कुँडी को खोलते,
तो दरवाजा मानो कुछ सोचती और पूछती, अब क्या रखा है यहाँ
जो इन ख़ुस्क हड्डियों को झकझोर रहे हो, मेरे पास इसका जवाब नहीं होता
और अपनी बाहों पर थोड़ा बल डालकर उन पल्लों को खोल देता
फिर एक दालान सामने नज़र आता जिसमें कभी डेहरी थी
और ठीक उसकी बायीं ओर ऊपर की तरफ़ बडेरी,
यह आज भी अपनी टुटी फूटी अवस्था में मौजूद है,
पर अब इसके ऊपर कोई घरेलू सामान नहीं बल्कि चमगादड़ों का घरौंदा है,
जो जहाँ तहाँ लटकते मिल जाते और एकाध तो पल्लों के खुलते ही अचानक
तूफ़ान की तरह सिर के ऊपर से कहीं उड़ जाते,
बात अब यह नहीं की मेरा मकाँ अब साँप और चमगादड़ों का घर हुआ है,
बात यह है कि कभी बात बात पर मकाँ छोड़ने की बात करते,
पर मेरा या तेरा वो मकाँ ईंट मिट्टी से बना वो मकाँ,
सब कुछ छोड़कर सारी दुनिया घूम कर आ जाते वापस अपने उसी खंडहर और
दावे के साथ कहते यही है यही है मेरा वो मकाँ।

एक उम्र हो गई

आँखों पे चस्मा लग गया,
सीढ़ियाँ चढ़ते अब सांस भी
फूलने लगी, आइना देखता हूँ
तो चेहरा बदला बदला सा लगता है, कुछ लकीरों ने
अपना आशियाना बना लिया है, अब हटने का तो सवाल ही नहीं,
लगता है कि अब एक उम्र हो गईभागते भागते गिर ही गया,
उड़ते उड़ते गृहस्थी में फँस ही गया, कुछ ही दिन तो हुए,
कुछ ही दिनों में लगता है की एक उम्र हो गई,
अब लगता है कि एक बाप कैसे रोता होगा अकेले में,
क्या क्या सहा होगा अकेले में, किस किस से गालियाँ सुनी होगी लोगों के बीच,
और हम हम तो निकल गये थे अपने सपनों को पूरा करने,
हम खुश थे अपनी दुनिया में, आज जब बाप का साया ही
नहीं रहा तो, हक़ीक़त से आज रूबरू हो रहा हूँ,
वो सबक़ सीखता ख़ुद से और दुनिया से अकेले लड़ता,
रातों को छुप छुप कर रोता,
ये करते करते एक उम्र हो गयी।

कहा नहीं होता

बचपन में सोचा करता था
कि आज बारिश होती तो छुट्टी मार लेता,
मन ही मन सब भगवान को मनाता
कि आज बारिश हो जाए
पर कहाँ, कहा नहीं होता,
बाबूजी जब कहते कल घूमने जाना है,
गाड़ी सुबह आ जाएगी,
तो मन में इतनी उत्सुकता होती
कि कल घूमने जाना है,
और कल आज हो गया
रस्ता तकते तकते दोपहर हो गया,
गाड़ी आयी तो पता चला ख़राब हो गया,
मन कल से ही गोते लगा रहा था
कि कल क्या क्या करेंगे
पर कहाँ, कहा नहीं होता
गर्मी की छुट्टी आ गयी
नानी के घर जाना है
ख़ूब आम और मिठाई खाना है
यह सोच के बड़ी ख़ुशी होती,
खेतों में लूका छुपी होगी,
गाँव की गलियों में घूमेंगे,
तालाब में ख़ूब डुबकी लगाएँगे,
पर मामा ने तो कुछ और सोच के रखा था,
सारे बच्चे एक साथ पढ़ाई करेंगे,
ख़ूब लिखाई करेंगे और
मास्टर जी ट्यूशन लेने धमक गए,

कहाँ गयी सब मन की बातें
पर कहाँ, कहा नहीं होता
घर में दीदी की शादी है
नए नए कपड़े सिले, जूता टोपी ख़ूब मिले
मामा मामी बुआ फूफा
मौसी मौसा सब एक साथ घर में जुटे,
तरह तरह के भोजन बनते
ख़ाली थाली लेकर दौड़ते
अकेले में पर ख़ूब खाते,
सोचा आज बारात आएगी
दूल्हा के संग हाथी होगी
और ख़ूब नचनिया नाच करेगी
जी भर के हम देखेंगे
जब तक दूल्हा और बाराती आते,
हम तो बिस्तर में जा चुके थे,
कहा ना कहा नहीं होता,
बचपन बीता यौवन आया
पढ़ाई का नया आयाम आया,
यहीं से सब मतभेद हुआ
किसी को डॉक्टर तो किसी को
इंजीनियर का भूत सवार हुआ,
जाने क्या हमसे भूल हुई
नहीं हुई कहीं बहाली
जोत रहे हैं खेत पुरानी,
शादी हुई बच्चे हुए
पर कहाँ, कहा नहीं होता,
जीवन की हर बात निराली
कहीं पुरानी कई कहानी

पीढ़ी दर पीढ़ी बीत गयी
आधी उमर गुज़र गयी
सोचा हमने जो ना किया
बच्चे अब वो करेंगे,
सिस्टम की बदहाली देखी
पैसों की महामारी देखी,
थक हार के कुछ ना किया
चौराहे पे दुकान लिया
कहा ना, कहा नहीं होता।

शहर का घर

शहर शहर धुआँ धुआँ
ऐ शहर तुझे हुआ क्या,
इंच इंच के पैमाने पर
हर एक इंच नीलाम हुआ,
दलालों के हाथों बिक गया,
शहर तेरा शहर मेरा,
किधर गया अब घर तेरा,
किधर गया अब घर मेरा,
घर में अब दुकान है,
हाँ ऊपर अब मकान है,
सीढ़ियों का रास्ता है,
अब घर का यही रास्ता है ,
दालान चौखट किवाड़,
अब कहानियों में दर्ज है
दो कमरों की चारदीवारी,
अब यही नक्शे में बंद है,
यह शहर का घर है यह,
शहर में नज़रबंद है,
शहर शहर धुआँ धुआँ
ऐ शहर तुझे हुआ क्या,
घरों के बीच घर था मेरा,
अब रास्ते में घर मेरा,
घर के आगे दुआर था
और पीछे ख़ाली मैदान था ,
बचपन में खेला करते थे,
मिट्टी का खिलौना यहाँ,

बस एक पीढ़ी निकल गयी,
दुआर ड्राइंग रूम हुआ ,
एक ही पीढ़ी का हाल यह,
अब अगली में क्या होगा,
लोग ज्यादा हो गए
या ज़मीन कोई निगल गया
शहर शहर धुआँ धुआँ
ऐ शहर तुझे हुआ क्या,
हप्ते में दो बाज़ार थे
सब्ज़ियों की भरमार थी,
चाय और नमकीन की
नुक्कड़ पे एक दुकान थी,
अब रोज़ ही बाज़ार है,
हर क़दम पे दुकान है
ना सब्ज़ियों में रंग है
ना दुकान में कोई दम है,
शहर शहर धुआँ धुआँ
ऐ शहर तुझे हुआ क्या,
शहर में ना कोई मेहमान है,
ना ही कोई परेशान है,
शाम का हर जाम बस अपने ही नाम है,
हर गली और रास्ता दिन में है चीख़ता,
सबकुछ यहाँ बिकता कंकड़ हो चाहे सोना,
ना किसी का रोना ना किसी का चीख़ना,
मौन ही रहते हैं सब, मौन ही सो जाते,
मरने के बाद भी किसी पड़ोसी को ना जगाते,
शहर वाह रे शहर कैसा ये शहर।

तेरी मुस्कुराहट

आप आगे ही बैठी हैं, ज़रा तो मुस्कुराइए,
मैं बेवफ़ा ही सही, पर आँख तो मिलाइए,
मैं जानता हूँ कि तुम सुनने का ढोंग कर रही हो,
पिछली बातों से बाहर आने की जद्दोजहद कर रही हो,
तुम बेख़बर थी और मैं भी बेख़बर ही था,
ख़बर यह थी कि कोई मुशायरा है यहाँ,
शायरों की देखो भरमार है यहाँ,
सुनने वाले भी बेशुमार हैं यहाँ,
नज़र मिली जो तुमसे तो आसमान के बादल ही छँट गए,
तेरी ज़ुल्फ़ें देखो कंधे पे कैसे फिसल गए,
क्या सुनाने आया था लो फिर से भूल गए,
तुम बैठी हो यहाँ, पर हो कहाँ,
मुशायरा करने आए थे और ख़ुद घायल हो गए,
आज कहता हूँ एक बात दिल से जो कभी कह ना सका,
मैंने भी तुझे चाहा था यह कभी बता ना सका,
ऐसा नहीं कि मिलने की कोशिश ही ना की,
पर कमबख़्त शायर ही ऐसा मंच से उतर ही ना सका,
थक के बैठा था दरो दिवारों के साये में और फिर
एक शायरी बन गयी इस मुशायरे खाने में,
आप आगे ही बैठी हैं ज़रा तो मुस्कुराइए,
मैं बेवफ़ा ही सही, पर आँख तो मिलाइए।

चलता रहता हूँ

रुकता रुकता चलता रहता हूँ,
इस धरती से उस धरती,
जाने कितने जनम हो गए,
अरमान कितने नए हो गए,
हर दुनिया एक नयी दुनिया,
हर चेहरा एक नया चेहरा,
कितनी लड़ाई लड़नी है,
कब तक यह सब चलनी है,
कोई अबतक बता ना पाया,
कोई भी यह जता ना पाया,
जीवन का कोई पार नहीं है,
हर रिश्ता कोई खेल नहीं है,
अपनों का कोई मेल नहीं है,
थक चुका हर रिश्ते नाते से,
बस चलते ही जाना,
हर इंसान की अपनी मंज़िल
फिर काहे करे बखेड़ा,
जाना जहाँ है जाएगा,
पाना जो है पाएगा,
फिर काहे इतना नाटक,
क्यों लड़ता है प्यारे तुम,
क्यों मरता है प्यारे तुम,
हर जनम है छोड़ के जाना,
हर जनम है नया पुराना,
घर जागीर नया मिलेगा,
रिश्ता भी तब पता चलेगा,

जोड़ जोड़ के एक एक पूँजी
क्यों चिंता तूँ करता है,
करम किया जो करम निभाया
वही काम बस आएगा,
जीना मरना लगा रहेगा
जीवन यूँ ही चलता रहेगा,
जीवन यूँ ही चलता रहेगा।

सूरज चंदा

सूरज तेरी कहानी अनेक,
चंदा तेरा गीत अनेक,
सदी सदी से चल निकला है
खेल तुम्हारा खेल हमारा,
जनम जनम का रिश्ता कैसा,
क्या भेंद हमारा भेंद तुम्हारा,
जनम जनम से साथ हमारा,
ना जाने हुए कितने ही जनम हमारे,
चंदा सूरज तेरा क्या,
क्या है तेरा रहस्य सुहाना,
उगते ढलते ढलते उगते,
जाने कितनी सदियाँ बीती,
ना तुम उगे ना तुम ढले
ऐसा कभी हुआ है क्या,
अनंत काल से खड़े पड़े हो,
तुम देते जीवन को ज्योत हमेशा,
मानवता का पाठ पढ़ाते
फिर भी मानव समझ ना पाते,
उनका ढलना निश्चित है,
मृत्यु तुम्हारा निश्चित है,
उमर तुम्हारा सुनिश्चहित है,
फिर भी जाने कितनी अकड़ है,
गाड़ी चाहिए बंगला चाहिए
पैसा और हवेली चाहिए,
शहर में ऊँची बिल्डिंग चाहिए,
जूता कपड़ा गाड़ी सब ब्रांडों में बड़ा ब्रांड चाहिए,

मूर्ख बड़े ही धूर्त हो तुम,
अज्ञानी बड़े ईर्ष्यालु हो तुम,
मानवता की भूल हो तुम,
क्या सूरज चंदा से भी है
कोई ब्रांड बड़ा, क्या कोई देगा
इनका हमशकल यहाँ,
जिनकी इच्छा तुम्हें सताती
वो मानव की ख़ुराफ़ात है सारी,
इसके लिए तुम मरे जा रहे,
जीवन अपना ठगे जा रहे,
देखो सूरज देखो चंदा,
ये ना सुधरे और ना सुधरेंगे,
काम क्रोध या फिर माया से
ये बचे ना बच पाएँगे,
छोड़ो इनको दूर रखो
ये पल दो पल के साथी हैं,
आएँगे और जाएँगे,
पर बात तुम्हारी करते हैं,
आज सुबह की चर्चा करते हैं,
कल घनघोर अंधेरा छाया था,
काला बादल घुमड़ घुमड़
घर आया था,
बिजली कैसी कड़क रही थी
मानो प्रलय अब आएगा,
समस्त जीव और कोई प्राणी अब बच ना पाएगा,
मानव की अब बात सुनो ,
डर के मारे दुबक गया था,
रुपया पैसा गाड़ी सब दिलो दिमाग़ से ग़ायब था,

छोड़ो ये तो कल की बात,
हम भूल गए वो एक मुलाक़ात,
आज तुम फिर निकले,
सूरज निकला चंदा भी निकला,
चीर दिया सब कल का काल,
आज फिर ज्योत बिखर गयी,
कलियाँ फूल नए खिल गए,
मानव फिर बहक गया,
कितना समझाया फिर भी ना समझा,
चल पड़ा फिर अंधियारे में,
सूरज निकल चंदा निकला
हम फिर भी ना निकले अंधियारे से।

काले काले बदरा

झूम के बरसे बदरा रे
काले काले बदरा ,
इतनी उमस इतनी गर्मी
देख के बदरा मन में
हो गयी बेशर्मी,
किसान बोले बरखा ओ बरखा
धान में अब ना होवे परता,
का होगा री अबके बरस,
करन पड़ेगी अब दिहाड़ी,
का कहेंगे लोगवा बगवा,
देख के मानो हमरी दुखवा,
ऐसी उमड़ी बरखा रानी,
ऐसा बरसा झूम के पानी,
की दिन भर खेले खेतवन में,
हरी हो जावेगी फ़सल हमारी,
धान होगी दुगुनी सारी,
झूम के बरसे बदरा रे बदरा,
काले काले मोरे बदरा,
जाग उठी एक उम्मीद की आशा,
अबकी बार अन्न भर भर के होगा
देखो बदरा कैसे घिर आए मोरे अंगना,
बदरा बरसे ऐसे कि
पिया मिलन को आँखें तरसे,
झूम उठी सब चितवन जैसे
मोह लिया कोई अपना ऐसे,
देखो कैसे बदरा गरजे

रह रह के है खूब बरसे,
रोम रोम में सिहरन भर दे
माटी की ख़ुशबू मन मा जड़ दे,
आँख मुँदते कभी आँख हैं खोलते
अंजली में कभी पानी भरते,
कभी गरजते कभी बरसते
कभी रूह को रोमांचित करते
ये कारे कारे बदरा।

मेरी मिट्टी

सुबह उठा तो देखा
सूरज चमक रहा है,
कल रात हो गयी सोने में,
शायद चाँद को बहुत देर तक निहारता रहा,
पूरा चाँद हाँ वही चाँद
दादी नानी कहानियों में
सुनाती थी,
कल पूरा चाँद था,
बहुत समय गुज़र गया,
काफ़ी साल निकल गए हमें छूकर,
एहसास तक नहीं हुआ
कहाँ तक आ गए,
फिर भी ना सूरज बदला ना ही चाँद,
बिल्कुल वैसे ही जैसे बचपन में देखा था,
और ना बदला मेरा धन
यह मेरी मिट्टी,
सब तो बदल गया घर
यातायात खाना व्यवसाय
शिक्षा तकनीक दवा रहन सहन
बोलचाल परिवेश सबकुछ बदल गया,
मैं भी बदल गया,
आस पड़ोस के लोग,
नेता अभिनेता कला कौशल, नियम क़ानून
हाँ बहुत कुछ बदल गया,
पर मेरे खेत की वो मिट्टी
अभी तक वैसे ही है,

मेरी मिट्टी आज भी वही है,
कल जब अपने खेत के मेड़ों से गुज़र रहा था,
तो आज भी वही ख़ुशबू मेरे रोम रोम को
हर साँस को वही एहसास दिला रही थी
कि मैं आज भी वही मिट्टी हूँ,
जिसे मेरे दादा परदादा,
फिर बाबूजी जोता बोया करते थे,
मेरी मिट्टी आज भी जस का तस
वहीं और वैसे ही है,
अब इन मेड़ों की बागडोर मेरे हाथों में है,
सालों बाद लौटा हूँ शहर से गाँव,
गाँव लगभग आज भी वैसे ही है,
हाँ लोगों के मकान पक्के हो गए,
सबके पास बिजली आ गयी,
हर घर में फ़ोन हो गया,
कच्ची सड़क जो बाद में
खड़ंजा हुआ आज पक्की है,
घर घर में शौचालय है,
गाँव के नुक्कड़ पे 1–2 दुकान थी
आज हर ज़रूरत की दुकान है,
पर नहीं बदली गाँव की मेरी मिट्टी,
आज भी इस मिट्टी में वही सुगंध
वही अपनापन समाहित है।

हे मनुष्य!

किसी की मौत हुई,
किसी नें छेड़ दी राग जायदाद की
तो वो मौत भुला दिया,
उस पीड़ा को भुला दिया,
मानो नयी ऊर्जा और उत्तेजित होकर
शरीर में प्रवाह होने लगी,
भूल कर उसे बातें जायदाद की होने लगी,
हाय रे मानव क्या लेकर जाएगा, उसकी मौत हुई,
बातें पैसे की होने लगी की
उसने उसने और उसने लिया था,
हाय रे मनुष्य क्या करेगा
इन पैसों का काश यह साथ जाते,
किसी की मौत हुई और बात
जमा पूँजी की होने लगी
भूल गए उसकी अभी अभी
मौत हुई है,
हाय रे मनुष्य कौन सी पूँजी
लेकर जाएगा,
किसी की मौत हुई
रोना धोना सिर पटकना
सब हो गया की अब
बच्चों का क्या,
हाय रे मनुष्य
काश उसे पता होता इस
अनहोनी का और काश वो
पहले सब कर देता,

हाय रे मनुष्य क्या करें तेरा,
किसी की मौत हुई,
हर रोज़ किसी की मौत होती,
हर रोज़ वो सबकुछ होता,
पर क्या इसका क्या करें,
क्या करें इस मनुष्य का,
हर पल तो रोता है
हर उस पल को खोता है,
पर क्या खोता है,
जो होता है क्या वो खोता है,
और जो वो खोता है वाक़ई क्या
वो होता है,
हाय रे मनुष्य क्या है तूँ,
ना होने पर रोता है और होने पर तूँ सोता है,
हाय रे मनुष्य क्या करें तेरा।
हे मनुष्य सबकुछ तेरे हाथ है
फिर भी रोता विधाता के हर द्वार है।

क्या कहूँ?

क्या कहूँ, जो चाहूँ कहना
वो कह ना सकूँ,
क्या कहूँ, जो चाहूँ करना
वो कर ना सकूँ,
बड़ी अजीब है यह बात
पर बता ना सकूँ,
आज की रात,
यह रात फिर आ गयी एक बार,
कि यह रात क्यों आती है हर रात,
हर रात यही एक सवाल रहता है,
की रात फिर गुज़र ही जाएगी,
फिर कल उठेंगे लड़ेंगे बढ़ेंगे
और इसी जद्दोजहद में फिर
वही रात लौट आती है,
हर इंसान कितना उलझ गया है,
यह कैसी व्यवस्था है,
जीना कितना कठिन सा
हो गया है,
हर चीज़ में इंसान
फँस सा गया है,
डिजिटल की इस आँधी में
कंट्रोल किसी और का हो गया,
किसान फँस गया केसीसी के चक्कर में,
अब हर इंसान फँस गया बैंकों के झाँसे में,
अब तो ग़रीब भी फँस गया
जो बचा था कल तक,

व्यवस्थाओं का यह कैसा
मकड़जाल है,
अब सबका निवाला
उसके हाथ में है,
क्या कहूँ किससे कहूँ,
कहूँ तो क्या कहूँ, सोचने बैठूँ
तो दिमाग़ अकड़ जाता है,
घूम फिर के फिर वही
किवाड़ नज़र आता है,
चल आज सो ले,
यह रात है बाक़ी,
कल उठेंगे तो देख लेंगे,
अब यही एक सिलसिला
हर किसी के जीवन में है,
ख़ुशी भी कुछ होता है लोग
भूल ही गए हैं,
शायद शब्दकोश से
यह ग़ायब ही ना हो जाए,
क्या कहूँ किससे कहूँ...।

ऐ रात तेरे सीने में

एक दर्द छिपा के रखा हूँ,
हुआ सबेरा कल जो फिर से,
दिखला देना दुनिया को
जो बात छुपा के रक्ख़ी है,
ऐ वतन तुमसे मोहब्बत है
पर दिखला ना सका
एक रोटी के चक्कर में,
यह दर्द बहुत पुराना है,
यह मोहब्बत बहुत पुराना है,
ऐ रात मैं तुमसे फिर कहता हूँ,
सुबह को चीर के दिखला देना,
ऐ वतन मैं तुम पे मरता हूँ,
पर यह कभी दिखा ना पाया,
मेरी बुनियाद पुरानी थी,
ऐ रात तूँ सब जानती है,
अपना क्या और किसका क्या,
सब सो रहे हैं मगन मस्त,
मैं जाग रहा हूँ जाने को,
पर रात सुबह तुम बतला देना कौन चला था
कौन रुका था ऐ वतन तेरे लिए।

यह शाम

यह शाम मुँह फाड़े बिल्कुल उदास
क्यों खड़ी हो जाती
मेरे सामने, मैंने क्या बिगाड़ा है,
मैं सन्न रह जाता हूँ
जब सबकुछ ख़ामोश हो जाता,
ये शाम आँखे फैलाए
बिना पलक झपकाए
ग़ुमसुम उदास एक टक
निहारती रहती मुझे हाँ सिर्फ़ मुझे,
क्यों यह शाम
हर शाम मेरे सामने ऐसे ही आती,
और भी तो हैं इस जहाँ में
जो हर ग़म में भी ख़ुश हैं,
पर यह शाम बड़ी हठी है जो
सुबह होते ही मेरे पीछे हो लेती
और शाम होते ही
मेरे घर की चौखट पर आ बैठती
कि कहीं कोई ख़ुशी
यह चौखट ना लाँघ जाए।

नया ज़माना नये लोग

खलिहान दुआर सीढ़ी चौखट पल्ला कुण्डी दालान बड़ेरी
पुराने हो गए सारे, हैज़ा टीवी पोलियो पुराने हो गए सारे,
नया ज़माना नए लोग सोफ़ा बेडरूम शोरूम हो गए सारे,
करोना शुगर गठिया नए हो गए सारे, ज़माने को क्या बताऊँ
ऐ जमाने वालों घर बदल दोगे, रोग बदल दोगे,
मोहब्बत का क्या करोगे, यह कैसे बदल दोगे,
धान गेंहू गन्ना तेल शक्कर चाय सब हाइब्रिड हो गए,
आम अमरूद आलू बैंगन गोभी पपीता निम्बू हाइब्रिड हो गए सारे,
धन दौलत ईर्ष्या ग़ुस्सा बलात्कार लूट
खसोट नशा भ्रष्टाचार 4 जी हो गए सारे,
नया देश है नया है भारत, बच्चों के बच्चे कल पूछेंगे
कौन था दादा कौन था नाना, क्या होता है दादा नाना,
सही बात है उम्र घट गयी, जीने की शैली और बदल गयी,
ख़ूब तमाचा समय नें मारा, जल्दी होने की चाहत बढ़ गयी,
बड़ी विषैली है यह दुनिया, रंग अनोखा संग अनोखा,
रहते हैं सब साथ साथ, पर कितना ज़हर है अपने अंदर,
सारी टेक्निक नयी हो गयी, शिक्षा नीति नयी हो गयी,
सबकुछ होम डिलीवरी हो गयी, सब बदलोगे जहाँ बदलोगे पर
मोहब्बत का क्या, मोहब्बत कैसे बदल पाओगे।

शीत ऋतु

यह ऋतु है मनभावन,
यह ऋतु है नयी उपज की,
सम्बन्धों की, नयी कहानी
नयी प्रेरणा की,
गेंहू और ज्वार बाजरा की,
शीत ऋतु हाँ शीत ऋतु है,
जन चेतन मन चेतन,
तन में नया एक जीवन भर दे,
जीवन में नयी ऊर्जा भर दे,
साँस साँस हर रोम रोम सिहर उठे
वो मधुर मनोरम चेतन भर दे
शीत ऋतु ये अदभुत ऋतु,
सुबह सुबह सूरज की किरने
छन छन के जब धरती पे आती,
गेंहू के नव निर्मित पत्तों के
कोनों पर पड़ती, मोती जैसी
आभा बिखेरे मानो सारे खेतों में
चमकीली एक परत सी दिखती,
सब ऋतुओं में एक ऋतु बस
शीत ऋतु हाँ शीत ऋतु ,
गाँव गाँव हर द्वार द्वार
सुबह शाम अलाव हैं जलते,
काफ़ी पहर वहीं बैठे दूर दराज़ की
ख़ूब बातें करते, कभी कभी
जब सूरज की किरणें छुप जाती घने कोहरे में,
टकटकी लगाए आसमान को आँखें निहारती

दूर छिपे किसी तारे को,
कभी कभी जब घना कोहरा आसमान में छा जाए
इस शीत ऋतु में कहाँ फिर कोई सूरज निकल पाए,
पैरों की एड़ियाँ सिकुड़ जायें
माथे की लकीरें और चमक जायें,
साँस और मोटी हो जाए,
साँय साँय करती हवाएँ
कानों को झकझोर जाएँ,
सुबह किनारे गाँव के नुक्कड़ पे चाय नज़र आए,
चुस्की लेते होंठों से अदरक का स्वाद समझ आए,
फिर क्यों ना कहें यह शीत ऋतु है,
पत्तों के ऊपर ओस की बूँद
दूर से ही नज़र आए,
गाय भैंस झोंपड़े के अंदर मुँह चलाते आँख लगाए
आसमान पे चारा चबाते पूँछ हिलाते,
बाँ बाँ की आवाज़ निकाले,
पूँछ से बैठी मक्खी उड़ाते,
शीत ऋतु का आनंद हैं लेते,
गोबर से घर द्वार लीपते
सुंदर मनोरम दृश्य बनाते,
बड़ा ही यह अलबेला ऋतु है
शीत ऋतु हाँ शीत ऋतु, सूरज ढलते अलाव जलाते,
भूँसा और पुआल जलाते,
खेतों से लाए आलू को भून भून के ख़ूब हैं
खाते हाँ ये ऋतु है शीत ऋतु।

अँगीठी

क्या ख़ूब है यह लोहे के चादर से बनी अँगीठी,
कोयला लकड़ी बुरादा कुछ भी डाल दो
इसके अंदर आग बन जाती है
और घण्टों तापमान गरम रखती,
कुछ ऐसा ही मैं भी लाया हूँ, कमाल की है यह अँगीठी,
कई सारे विचार आए इसे देखते ही, की चलो शीतलहर में
कोयले की आग जला कर इस अँगीठी पर तंदूर बना कर
अपने को गरम भी रखेंगे और तंदूर पर मुर्ग़ा भी भुनेंगे
और शायद एक गिलास भी होगी हाथ में,
फिर यह ठंडक का मज़ा ही रोमांटिक हो जाएगा,
पर यह अँगीठी तो और मज़ेदार निकली,
मैंने आग क्या जलायी और लो घर के बाक़ी लोग भी
अपनी अपनी जगह बना कर अँगीठी के चारों तरफ़ आ बैठे,
अब कहाँ तंदूर और कहाँ गिलास,
पर सब साथ बैठ कर गर्मी का आनंद तो ले रहे हैं,
इस बार कुछ ख़रीदने में मैंने कोई गलती नहीं की,
अब यह अँगीठी अक्सर मेरे साथ रहती है,
कभी कभी बतियाती भी है,
कहती है तुम जो भी बड़बड करते कभी कभी अच्छा लगता,
अच्छा ही हुआ किसी चाय वाले के साथ नहीं गयी वरना
दिन भर यही सुनना पड़ता साहब काका बेटा बाबू
पाँच रुपये दस रुपये पंद्रह रुपये और ना मिलने पर
झुंझला कर मेरे सर पर चाय की केतली मार देता।

आधा अधूरा

आधा अधूरा सबका जीवन
कैसे हो पूरा सबका कल,
कल के फेर में हैं बहुतेरे
आज पर नहीं किसी का वश,
कैसी दुनिया कैसा जीवन
आज भी रोते कल भी खोते,
नहीं समझ है अक्ल है मारी
बेवजह परेशान जनता सारी,
पूरा कभी हो ना पाया,
उमर भर सब जोड़ ना पाया
फिर भी हमको समझ ना आया
कि आधे हैं अधूरे हैं,
प्रकृत का यही नियम है,
पूर्ण कभी कुछ होता नहीं
पूरी रात होती नहीं
पूरा दिन निकलता ही नहीं,
हर नर में एक नारी है
और हर नारी में एक नर,
आधे और अधूरे हैं
यही सच है यही बस है।

चलो चलें

चलो चलें कहीं दूर जहां ना
पक्की सड़क हो, जहां ना
बिजली की तार हो,
जहाँ ना कोई फ़ोन हो,
आओ चलें ऐसी एक दुनिया में
जहां एक सुंदर प्रकृति हो,
नदियों की कल कल करती
निरंतर बहती धारा हो,
चलो छोड़ो इस गाँव और शहर को,
गाँव भी तो बदल रहा है
बहुत कुछ बदल भी गया है,
अब तो हर गाँव में शोर है,
सुबह को ना कोई भोर है ना
शाम पे कोई ज़ोर है,
बस कोलाहल है अशांति है
भय है बीमारी है
मशीनों की दुनिया है,
चलो हमारे साथ कहीं दूर
कहीं दूर, चलो चलें
एक ऐसी जगह जहां ना कोई रास्ता हो,
ना ही कोई पगडंडी,
ख़ुद ही ढूँढेंगे ख़ुद ही बनायेंगे
पाँव को चलने की एक पगडंडी,
अंधेरे में आग जलायेंगे फिर
साथ लाए आटा की लिट्टी
और आलू का चोखा बनायेंगे

तारों के नीचे एक बिछौना लगायेंगे,
चलो चलें एक ऐसी दुनिया में जहां
ना लोगों का बाज़ार हो,
ना कोई नुक्कड़ की दुकान हो,
ना खेत ना खलिहान हो,
शादी का बैंड बाजा
ना अर्थी का कोई सामान हो,
चलो चलें एक ऐसी ज़मीन तलाशे,
बहुत दूर निकल आये हैं घर बसाते बसाते,
नौकरों की दुनिया है यह,
जहां हर कोई नौकर है,
हर दिन बस एक ही काम
कि पैसा कैसे कमायें,
यह दुनिया तो नहीं बनायी थी
फिर कैसे इस जंजाल में गिर गए,
आओ चलें चलो चलें कहीं दूर
जहां पर्वतों कि दुनिया हो,
नदियों की निर्मल धारा हो,
खुला आसमान हो
जहां ना कारख़ाने की बदबुदार हवा हो,
हवाई जहाज़ का ना कोई रास्ता हो,
रात में झींगुरों की आवाज़ हो,
बहते पानी की संगीत हो,
सुबह को उगता हुआ सूरज हो,
मंद मंद बहती हवा हो,
ना दुनिया की कोई चिंता हो,
आओ चलें चलो चलें एक ऐसी दुनिया में...।

जनवरी की धूप

घने कोहरे और गलाने वाली ठंड के बाद
जब सूरज की किरणें,
धरती पर गिरीं तो मानो
एक नया जीवन मिल गया हो,
ऊन से बिनी कुलही से सिर को ढाँके,
ऊन का स्वेटर और उसके ऊपर जैकेट लादे,
हाथों में दस्ताना पहने कई दिनों तक,
बिना धूप देखे गाँव और गाँव के खेत में घूमते रहे,
आज जब कोहरा छँटा,
तो खेत की एक ऊँची मिट्टी पर कुर्सी लगाये,
सूरज की तरफ़ मुँह किए उसे देखता रहा,
सूरज अभी निकल ही रहा था
और उसकी किरनें मुझे बिलकुल डरा नहीं रहीं थी,
मैं निरंतर अनायास एक लालसा से उसे देख रहा था,
उसे घूर नहीं रहा था बल्कि उसे ताक रहा था,
मानो सूरज के बीचो बीच बाबूजी बैठे हमे निहार रहे हों
और बहुत कुछ देना चाह रहे हों, मैं देखता ही रहा,
सोचा सूरज को छू लूँ उससे लिपट के ख़ूब रोऊँ,
मैंने एक पल को हाथ भी बढ़ाये
फिर याद आया, अरे पगले
मैं तो बाबूजी के मकान के छत पर हूँ और वो ना जाने
कितनी दूर, मैं कुछ सोच में पड़ गया,
सूरज से बहुत देर तक आँख तो नहीं मिला पाया,
पर ये सोचने ज़रूर लगा की,
सूरज को नियम से उगते और डूबते भी देखा है,
कभी वो पल भर भी देर नहीं करता, ना जाने

कितने हज़ार साल से यह चक्र चल रहा होगा,
आज जब कुछ दिनों से सर्दी की
गलन कम हुई, धूप ने अपने
पाँव पसारे और जब मीठी मीठी धूप में
आज अपनी छत पर आया तो,
यह ख़याल आया की जनवरी की
धूप कभी ठण्ड का
एहसास कराती, तो कभी
हल्की धूप में ना जाने किन ख़यालों में
मेरे मन को गोते लगाने ले जाती, ये जनवरी की धूप।

घूमता आकाश

मन होले होले मन डोले डोले
घूमता आकाश चहुँओर चहुँओर,
सालों चले सालों बढ़े,
हर एक उम्र हम ख़ूब जिये,
उम्र बदली दिन बदला
रिश्तों के कुछ मायने बदले,
मन होले होले मन डोले डोले
घूमता आकाश चहुँओर चहुँओर,
अब हम बूढ़े हो गये उम्र में कुछ कम हो गये,
बचे हैं कुछ ख़ास सोचते हैं
कि और जी लें और जी लें,
मन होले होले मन डोले डोले
घूमता आकाश चहुँओर चहुँओर,
क़िस्सा कुछ बचपन का,
क़िस्सा कुछ जवानी का,
चलो लिखे बुढ़ापे का कोई क़िस्सा
इस आख़िरी पड़ाव का,
मन होले होले मन डोले डोले घूमता
आकाश चहुँओर चहुँओर।

आ जी ले जरा..

एक है सूरज एक है चन्द्रमा एक ही धरती एक जीवन,
मूल भूल गया तो, किस अर्थ ये जीवन, भटक गया तो व्यर्थ ये जीवन,
धन्य हैं हम कि ये जीवन मिला, क्या समझे इस जनम में,
कितना कुछ है मेरे में समझो जरा, सोच सकते हैं, महसूस कर सकते हैं,
अच्छा बुरा शुभ अशुभ सब ही जानते हैं मानते हैं,
स्वाद ले सकते हैं, सूंघ सकते हैं, सुन और देख सकते हैं,
रात दिन ठंडी गर्मी बरसात कोई भी समय हो काम कर सकते
किसी भी तरह रह खा सकते हैं, रिश्ते बना सकते हैं,
भावनाओं को समझ सकते हैं, पर यह हम कुछ नहीं समझते,
इतना ख़ज़ाना, पूरा ब्रह्मांड हम में है, करते हैं सब ग़लत,
एक ही धुन पैसा पैसा, छोड़ यह सब चल आ जी ले ज़रा,
आज ख़ुद को छू ले जरा, चल तूँ जरा हवा के संग संग,
ओस की बूँद को हथेली से छू जरा, नंगे पैरों को हरी हरी घाँस पर
रख ज़रा, अकेले में बैठ तारों को निहार जरा,
जरा जरा ही सही इस जीवन को थोड़ा जी तो जरा,
इस जीवन की मिठास को मिस्री की तरह चुभला तो जरा,
जी ले ज़रा जी ले ज़रा।

सब खो गया

समय की धारा नदी की धारा,
सदियों से सदियों तक
ऐसे ही चलती रही,
चलती रहेगी जब तक ये धरा है,
सबकुछ तो वैसे ही है, सिर्फ़ हम खो गये,
मन खो गया तन खो गया,
स्त्री पुरुष में आकर्षण कम हो गया,
बीमारियों से हम लद गये,
ये कैसी दुनिया हमने बना ली,
ज़हर बो रहे ज़हर ही खा रहे,
दवा में भी ज़हर पानी में भी ज़हर
कुछ भी नहीं बचा सब खो दिया सब खो दिया,
हो रहा बस प्रकृति का क़हर
आपदा विपदा हर पहर,
ज़रा सोचो ज़रा समझो
हमने किसको क्या दिया,
क्या से क्या बना दिया,
आने वाली पीढ़ी को कहाँ से
कहाँ पहुँचा दिया,
घर बना के दिया एक दिन
टूट जाएगा, पैसा जमा करके दिया
एक दिन ख़त्म हो जाएगा,
रुपया पैसा सोना चाँदी बंगला गाड़ी
सबकुछ कर किया,
एक दिन सब ख़त्म हो जाएगा,
पर हमने बहुत कुछ खो दिया,

धरती को कहाँ से कहाँ
पहुँचा दिया,
अब सर्दियों में सर्दी नहीं होती
गर्मियों में गर्मी नहीं होती
बरसात में बारिश नहीं होती,
होती तो सब है,
मगर समय पर अब कुछ नहीं होता,
हमने ये खो दिया,
हमने ये जहाँ खो दिया, हमने
यहाँ खो दिया हमने
वहाँ खो दिया सब खो दिया
सब खो गया अब बस हो गया।

शहर में दम घुटता है

शहर में दम घुटता है,
मन हर बार भटकता है,
अब गाँव में भी दम घुटता है,
अब गाँव में भी मन भटकता है,
शहरों में तो जाम है,
अब गाँव में भी कुछ वैसी शाम है,
शहरों में सूरज गुम हो गया
अब गाँवों में भी सूरज ढूँढने लगे हैं,
शहर शहर बस धुँआ धुँआ है,
गाँव गाँव अब जुआ जुआ है,
शहरों की रात रंगीन बनाते पर
गाँव की रात सिर्फ़ मातम मनाते,
नहीं काम कोई गाँवों में
बस मुक़दमा होता गाँवों में,
खेत जलता देह जलता
मन मंदिर में आग है जलता,
देख तरक्की काग़ज़ में,
किसान क्या,
अब हर कोई हाथ है मलता,
समय निकट है
बड़ा विकट है, आने वाला
काल प्रबल है, कितना भी जोड़ो
कितना भी तोड़ो नहीं चलेगा
अब कोई जादू, आने वाला
समय बताये कौन किस पर हक़ जताये।
शहर में दम घुटता है.

लोग तो जलते रहे हैं,

लोग जलेंगे जब तुम चलोगे,
सदियों से है, सदियाँ रहेंगी,
जब जब बढ़ोगे लोग कुढ़ेंगे,
तुमको तो चलते ही जाना है
यही कर्म और यही धर्म है,
तुम जब रुकते हो
तो उन जैसा ही ठहरा पाते हो,
रुका तो तालाब का पानी है
जो सड़ता गलता बदबू फैलाता,
तुम्हें तो नदियों जैसा होना है,
जो निरंतर बहती चलती रहती,
लोग तो गड्ढा खोदेंगे लोग
तो रस्ता रोकेंगे, पर तुम ना रुकोगे
चलते जाना है, गिरते पड़ते
लड़ते बढ़ते ही जाना है,
लोग बहुत ख़ुश हैं,
आमदनी गाड़ी बंगला सब है,
उन्हें यही तो चाहिए था
उनका जीवन बस यही है,
पर क्या यही जीवन है,
इस धरा का क्या, प्रकृति का क्या,
इस अम्बर पहाड़ नदी पेंड
अद्भुत जीव जंतु इनका क्या,
कौन सोचेगा इन सबके बारे में,
लोग कल नहीं थे हो गये,
कल हम तभी होंगे जब यह होंगे,

हम कल तभी होंगे
जब ये धरती होगी,
नीला अम्बर उसमें
घूमते मंडराते बादल,
उन्हें उड़ा ले जाती
हवा इस धरा की,
पशु पक्षियों की,
पेंड पौधों की,
इंसानों की प्यास बुझाती
पानी की बूँदें होंगी,
लोगों की ईर्ष्या को
धनों से जोड़ दिया,
खूब धन कमाए पर
हम और निर्धन हो गये,
कहाँ गए सब रिश्ते नाते,
लोग तो बातें करेंगे पर
उन बातों का क्या,
नदियाँ सुख गयीं,
पहाड़ टूट गये,
और उन पर बना दिया
आलीशान बंगला,
हम बड़े हो गये,
अब हम रईस हो गये,
क्या तरक्की हमनें खूब की है,
बेडरूम के भीतर गमले सजा दिये,
वृक्षों को काट बेड और आलमीरा बना दिये,
पानी को गंदा कर घरों में फ़िल्टर लगा लिए,
लोग तो जलेंगे जब आप चलेंगे,

यही ईर्ष्या घरों में सबको क़ैद कर दिया,
क्योंकि अब हम अमीर हो गये।
समय ने भी क्या खूब तमाचा मारा है,
लोग मॉर्निंग वॉक पर निकलते हैं,
शाम की चाय पर बैठते हैं,
पेपर में छपी अर्थहीन
ख़बरों पे व्यर्थ ही जीवन खोते हैं,
चलते चलते आज मनुष्य
पब रेस्तराँ और कैफे में जा पहुँचा,
बीवी किट्टी पार्टी में तो पती
क्लब में, जहां गार्ड सेल्यूट मारता
और बस सीना चौड़ा हो जाता
की हम समाज में सभी ऊँचे वर्ग में गिने जाते
लोग तो जलेंगे।

नीलगिरी

नीलगिरी के छाँव तले
गरम हवा का झोंका बहता,
इस जिस्म को एहसास दिलाता
कि कितना मुश्किल है,
अन्न का उपजाना,
पाँव का तलवा
चप्पल के रबर के सोलों पर
जब इस ज़मीन को
फाड़ देने वाली भीषण गर्मी में पड़ता
तो आह तक ना निकलती,
जब गले में अटकी थूक भी
बाहर ना निकलता,
ज़रा भी उसको एहसास ना होता
जब वो अपनी मिट्टी को
अपने खेत को तड़पता देखता,
घात लगाये इस लूह में,
दौड़ जाता मानो ये उसी का बच्चा हो
टुक टुक ताकता इस अम्बर को
कि अब बरस जा बरस जा..
मेघ अब तो तरस जा।

सूझता ही नहीं कुछ भी..

कभी कभी कुछ भी नहीं सूझता,
मन होता है की लिखूँ पर
कुछ सूझता ही नहीं,
मन होता की आज दौड़ूँ,
भागूँ हँसूँ गाऊँ रोऊँ खाऊँ पियूँ पर
कुछ सूझता ही नहीं,
मन होता की उसे दंडित करूँ,
दौड़ाऊँ भगाऊँ, ललकारूँ,
जिसने मुझे गाली दी बीच रास्ते में
मेरी कार को ठोंकर मारी,
उँगली दिखायी,
और भी ना जाने क्या क्या धमकियाँ दीं,
पर क्या करें कुछ सूझता ही नहीं
कि उसे दंड दूँ,
उस भीड़ में काफ़ी लोग थे,
जो वहाँ के नहीं थे
जहां घटना घटी या घटाई गई,
कुछ पीले रंग का कुर्ता और
सफ़ेद पायजामा पहने थे
जैसे की किसी दल की तरफ़ से आये थे
उस करायी गई घटना में
जूनियर आर्टिस्ट का काम करने,
मैं किसी की तरफ़ देखा ही नहीं,
बस उस शरीर की बातें ही सुन रहा था
जिसमें एक गंदी आत्मा नें घर बना लिया था,
मुझे कुछ सूझा ही नहीं उस पर हाथ उठाना चाहिए,

गाली का जवाब गाली से देना चाहिए
कुछ सूझा ही नहीं,
कभी कभी कुछ सूझता ही नहीं
कि उस वक्त क्या करना चाहिए,
किसने कराया क्यों कराया
क्या मज़ा आया पता नहीं,
शायद उसे बस इतना ही सूझा होगा,
उसकी विकृत मानसिकता का
इससे बड़ा और विस्तृत परिचय क्या हो सकता है।

हाय रे लोग

आज बड़े बड़े नेता और मंत्री का आगमन हुआ,
दुकानदारों का धरना आम हुआ,
चुनाव में कुछ माह शेष है
अभी से गर्जन आरम्भ हुआ,
निकाय चुनाव तो हो चुका,
अब लोक सभा की बारी है,
सब कहते हैं की ये सीट हमारी है,
जनता का दिल बहुत भारी है,
क्या करें क्या ना करें, पर
वो तो कहते, हम आपके आभारी हैं,
हर पार्टी का हर प्रदेश में
एक नया प्रभारी है,
यह क्या हो गया यह क्या हो रहा ,
कौन सोचेगा कौन करेगा,
पार्टी ही सबकुछ नेता ही सबकुछ,
फिर बाक़ी संस्थानों का क्या,
हाय रे बेचारे लोग,
फँसा दिया सब जनता को
उलझा दिये अपने मकड़ जाल में,
पार्टी बोली हाँ, तो जनता बोली हाँ, ना ना निकले,
वाक़ई देश बदल रहा है,
आसमान को चूम रहा है,
चाँद तारों को छू रहा है,
बहुत बदले हम, अभी और है
थोड़ा बदलना, बरसात में
बारिश नहीं, गर्मी में गर्मी नहीं,

जाड़े में ठंड नहीं, गाँव गाँव में
अब पेयजल, पानी की क़िल्लत शुरू हो गई,
गाँव में सब्ज़ी नहीं, दूध गन्ना अमरूद नहीं,
है भी तो कोई स्वाद नहीं, हाय रे लोग,
देश मेरा बदल रहा है
ख़ाना पीना और जीना
अप्राकृतिक हो गया,
खेतों में मैरिज हाल और
खलिहान में दुकान हो गया,
हाय रे लोग, देश मेरा बदल गया है।

गुज़रा वक्त

उम्र का ये दूसरा पड़ाव है जहां
कभी धूप तो कभी उमस है,
जीवन के अगले पड़ाव में क्या है
सबकुछ धुंधला सा है,
गुजरे वक्त का हर एक पड़ाव
बिलकुल साफ़ दिख रहा है,
वो गुजरा वक़्त लगता है
अभी अभी ही गुजरा है,
सोचता हूँ उस गुजरे वक़्त को
कैसे कैसे जीया,
यह किया होता तो यूँ होता
वो किया होता तो यूँ होता।
हम आज ऐसे नहीं वैसे होते।
पर क्या करते हम आज़ाद नहीं थे,
हमारी सोच आज़ाद नहीं थी,
हम सिर्फ़ बंधक थे,
रोज़ की परेशानियों को ही
हम अपनी तक़दीर बना बैठे,
और बिगाड़ लिया
अपनी अनमोल ज़िंदगी को,
जब पढ़ता तो एक डर मन में होता,
काश उस डर को ही
अपनी ताक़त बना लिया होता
तो हम आज यूँ ना होते,
मेरी पीढ़ी का जो दशक था
बहुत ही दिशाहीन था,

किसान दौड़ा दौड़ा कर खेतों से उठाये जाते,
लगान की वसूली दरवाज़े से होती,
सरेआम गाँव में बद से बत्तर
उनके साथ सुलूक होता,
जब मैं पढ़ता था
तो इन सब से मैं रोज़ लड़ता था,
बेबसी लाचारी बस यही हमने देखा
और इसी को अपनी
विरासत समझ लिया।
यह गुजरा वक़्त बहुत भयावह था,
इस गुजरे वक्त की खाई
इतनी गहरी थी की
आज तक नहीं निकल पाया।
काश यह गुजरा वक़्त
कुछ और होता।

जमाना

हर जमाना पुराना हो जाता है
नया मकान खंडहर हो जाता है,
जो रिश्ते कभी नये नये थे,
वो रिश्ते अब उबाऊ हो जाते हैं,
जिस जमाने में हम गली से
गुजरा करते थे,
उसी गली में नाली बहा करती थी,
आज उसी गली जमाने ने करवट ली
अब नाली नहीं गाली बहा करती है,
वो भी एक जमाना था
क्या खूब वो जमाना था,
एक ही पैंट एक ही शर्ट से
पूरे साल का याराना था,
आज भी एक जमाना है,
हर दिन का एक नया बहाना है,
समय को ढकेल कर
यहाँ तक आ पहुँचे,
अच्छा ही हुआ हम आज
जहाँ तक पहुँचे,
जमाना वो भी था
जिसकी कोई बुनियाद थी,
एक जमाना ये भी है की
आसमानों में आशियाना है,
वो भी क्या खूब जमाना था
धूप छाँव में भी एक प्याराना था
मोहब्बत थी तमीज़ थी

कवि और उनकी कविता थी,
सुर और ताल था
ना ख़्वाबों की दुनिया थी,
ना दीवारों का मकान था,
यह भी एक जमाना है जहां
बात बात पर सिर्फ़ लोगों को
मनाना है, पैसे कैसे आयें
हर एक रास्ता अपनाना है,
एक ही मकान पर
बहुत मकान लद गए,
सूरज की रोशनी
रोशनदानों में बंट गई,
रिश्ते नाते यार दोस्त
सब मतलबी हो गये,
नया जमाना है नई करवट है,
सुलगती धरा पर
नया आशियाना है,
वाह रे जमाना यह है नया जमाना।

किसान का लड़का

आज कौन सी कविता लिखुं
कुछ भी सूझ नहीं रहा,
मौसम भी खूबसूरत है,
बालकनी में बैठे
खुले आसमान को निहार रहा हूँ,
बादलों नें मानों एक मोटी परत
इस पूरे आसमान पर ओढ़ा रखा हो,
कभी कोई कोने से बादल सरकता
तो जैसे दूसरी तरफ़ बैठा
सूरज आग बबूला हो जाता
यह खींचा तानी काफ़ी देर से चल रहा है,
बादल हैं कि बरसते नहीं,
ना ही कहूँ ओर सरकते ही
हवा तो जैसे बहना ही भूल गया हो,
जैसे जैसे समय बीत रहा
सड़क पर चहल क़दमी बढ़ती जा रही है,
इसमें ज़्यादातर किसान हैं
जो अपनी खेत से सब्ज़ी तोड़कर
मंडी की तरफ़ भाग रहे हैं,
शायद आज अच्छा मुनाफ़ा हो जाये
पर होता कहाँ,
यह तो एक चक्र है
जो सदियों से चला आ रहा,
मंडी से याद आया,
मैं अभी जल्दी ही मंडी गया था,
पहले तो एक चक्कर लगाया,

कौन कौन सी सब्ज़ी आज आयी है,
फिर जहां से जिस कोने से
घूमना शुरू किया था वापस
उसी कोने के एक किनारे खड़ा हो गया
मैं शायद सब्ज़ी मंडी में
सब्ज़ी लेने नहीं गया था,
मैं कुछ ढूँढ रहा था,
मेरी नज़रें कुछ तलाश रहीं थीं,
तभी एक जगह मेरी नज़र
एक चेहरे पर रुक गई,
एक किसान का लड़का
चेहरे पर थकान पीड़ा,
आँखें ग्राहकों को ढूँढती हुई,
खीरा की एक थैली लिए खड़ा था,
हल्की हल्की बूँदाबाँदी भी होने लगी
उसके कपड़े कई जगह से
उधड़े हुए थे, जैसे की
एक ही शर्ट को कई साल से
धुल धुल कर पहन रहा हो और
कई जगह तो कपड़े का
रंग ही उड़ गया था।
कई जगह उसके धागे
उधड़ कर फट गये थे,
किंचड़ में खड़े उसके पैरों के चप्पल
बहुत कुछ बयान कर रहे थे,
मेरा अनुमान था कि
उसके खीरे की क़ीमत बहुत होगी
तो दो सौ भी नहीं होगी।

आज मेरी कविता एक व्यंग का रूप ले रही थी।
सुबह सुबह उठ कर
गंदगी भरे रास्तों से अपने खेत में
जाकर खीरा तोड़ना
और भागते हुए मंडी लाना,
यह रोज़ का ही है,
ग्राहक और भी ढीठ
कि दाम कुछ कम करो बहुत ज़्यादा है,
मैं आज कविता नहीं लिख सकता।
मेरी आँखें उसके चेहरे से
नहीं हटती। मैं भी उसके पास गया,
पूछा कितना भाव है,
बड़े अनमने से जवाब दिया
जैसे बाक़ी लोगों की तरह
मोलभाव करके मैं भी नहीं लूँगा।
मैं थोड़ा मुस्कुरा दिया।
लेता भी तो कितना लेता।
एक किलो लेने के बाद
मंडी का दो चक्कर और लगाया
और हर बार नज़र वहीं उसके थैले पर ही रहतीं।
उम्मीद है मेरे आने के बाद,
शायद उसका खीरा बिक गया होगा।

चलते-चलते

चलते चलते ऊबड़ खाबड़
ऊँची नीची कंकड़ और
पथरीली रास्तों से आज
यहाँ आ पहुँचा, क्या कभी सोचा
या विचारा था
सालों पहले कि इतने साल बाद
आज यहाँ होऊँगा?
नहीं मैं या कोई कैसे ये सोच सकता भला
आज मैं यहाँ हूँ और
इतने साल बाद ऐसा होऊँगा।
बहुत मुश्किल है कोई सोचता भी नहीं।
अब मैं कैसा हूँ,
कुछ के लिए मैं अच्छा हूँ तो
कुछ के लिए बर्बाद।
असल में मैं कहाँ हूँ।
मैं तो आज भी नहीं सोच पा रहा
फिर इतने साल बाद कहाँ होऊँगा।
अब क्या करूँ।
कभी लगता है जीवन का हर
एक फ़ैसला ग़लत था।
ग़लत था तो सही क्या था।
अब क्यों नहीं सही सोच पा रहा
की आने वाले इतने साल बाद
मैं उस मुक़ाम पर रहूँगा।
कौन बताये ये
कैसे मैं उस पर यक़ीन कर लूँ

कि जो वो कह रहा है मेरे हित में है,
क्या पता उसका रास्ता सही भी हो
लेकिन मैं भी तो सोच सकता हूँ
मैं ये करूँ या ना करूँ।
अब तुम कहोगे कि मैं ज़िद्दी हूँ
नहीं सुनता।
मैं भी तो आख़िर
तुम जैसा ही इंसान हूँ,
मैं भी तुम्हारी ही तरह खाता हूँ
पीता हूँ उठता हूँ गिरता हूँ
खड़ा होता हूँ फिर चलता हूँ,
फिर तुम और मैं अलग कैसे हुए,
मैं कहता हूँ मैं यह करूँगा,
अब सालों बाद मैं कहाँ रहूँगा
क्या पता, ऊँचाई पर होऊँगा या और नीचे,
ये कैसे कोई तय करेगा।
मैं बस चल ही सकता हूँ,
चोट लगने पर मरहम लगा सकता हूँ
फिर खड़ा होकर
लँगड़ाते लँगड़ाते ही सही पर
चल सकता हूँ,
चलते चलते फिर सालों बाद
कहाँ पहुँचूँगा पता नहीं,
सही जगह पर पहुँचूँगा या नहीं
कुछ भी नहीं पता।
चलते चलते सालों पहले
आज मैं यहाँ आ पहुँचा हूँ,
शायद कहीं और होना था क्या,

मुझे नहीं पता,
मैंने तो पूरी कोशिश की,
खूब चला खूब दौड़ा भागा गिरा
कई बार गिरा कई बार चोटिल हुआ
कई बार मानसिक रूप से,
तो कई बार शारीरिक रूप से,
फिर अपने से लड़ा उठा चला
और फिर दौड़ा और आज यहाँ हूँ।
मुझे नहीं पता मैं सही जगह पर हूँ
या नहीं या कहाँ होना था
कुछ नहीं पता
चलते चलते बस मैं।

चेहरा

कैसे भूल जाऊँ वो चेहरा,
साँवली सूरत, आँखों में नशा,
होंठों पर दबी दबी सी मुस्कान,
इतने सारे चेहरों में भी
वो एक चेहरा कभी छुपता ही नहीं,
संभल कर बात करती थी
जब भी मुझसे वो मिलती थी,
दबे दबे पैरों से अक्सर
वो मिलने आती थी, और
जब छोड़ कर मुझे चली जाती
वो चेहरा मेरे क़रीब ही होता,
अक्सर क्यों कुछ चेहरे
मिस्री की तरह होते जो धीरे धीरे घुलते
और हमें मोह ले जाते,
वो चेहरा अक्सर मेरे सामने होता
जब मैं शून्य में होता,
कितना हल्का महसूस करता,
ना कोई दर्द ना कोई इच्छा,
ना कोई दु:ख, कुछ भी नहीं
बस निरंतर चलता रहता एक
शून्य में, हाँ वही चेहरा
एक मानव जाति का चेहरा
जिसे देखने के बाद ना ही
किसी भगवान में कोई दिलचस्पी
ना ही किसी मंदिर में
कोई कामना।

आख़िर क्या है उस चेहरे में।
एक जीता जागता हमारी ही तरह
एक सामान्य सा दिखने वाला चेहरा
इतने गहरे में उतरकर
शांत बिलकुल शांत कर देता,
फिर हम सारे इतना
बखेड़ा ही क्यों करते,
लड़ते मारते एक दूसरे को
नोच लेते, क्या हम सभी
किसी ऐसे ही एक चेहरे को
क्यों ना खोज लें?

चंदा मामा आ गये हम

चंदा मामा चंदा मामा
तूँ कितना प्यारा कितना न्यारा,
देखो उड़ के आये हम
भारत देश से आये हम,
मिलने तुमसे रहने तुम संग,
"भारत वही भरत का भारत",
भारत वही संस्कृतियों का भारत,
आस्था और संस्कारों का भारत,
जहां बहती जाने कितनी नदियाँ,
सब नदियों में तैरता रहता
मामा तुम्हारा दूध सा चेहरा,
बहुत दूर से आये, हम रात और दिन
चले हैं हम, थके नहीं,
कहीं रुके नहीं हम,
चंदा मामा चंदा मामा,
पूछो जरा हम आये कैसे,
कठिन राह से पहुँचे कैसे,
आओ मामा तुम्हें बतायें
बैठो ज़रा तुम्हें सुनाये,
ये भारत देश विज्ञान का देश
निरंतर करते नये शोध,
वैज्ञानिक नें देखो बनाया है
यह नया यान ये "चन्द्रयान",
मामा तुमको तोहफ़ा देने लाए हैं
हम ये अनोखा यान,
नाम है जिसका "चन्द्रयान"।

ज़िम्मेदारी

तेज धूप में अक्सर
निकल जाता हूँ घर से बाहर,
लोगों को भागते काम करते
देखता हूँ तो मैं अपने को देखता हूँ
मैं कहाँ हूँ, तेज बारिश में
निकल जाता हूँ किसी ओर,
और देखता हूँ लोगों को
भागते काम करते
तो मैं अपने को देखता हूँ,
कड़ाके की ठंड में निकल जाता हूँ
किसी नुक्कड़ या फिर किसी
मंडी में और लोगों को देखता हूँ
भागते काम करते तो
अपने को देखता हूँ,
सबको ही अपना घर चलाना है
शाम को हर एक को
उसके परिवार को इंतज़ार रहता,
इंतज़ार रहता कि वो आएगा
चंद पैसे लाएगा राशन लाएगा,
कितनी ज़िम्मेदारी है
एक आम इंसान के जीवन में,
उसे क्या क्या नहीं करना है,
राशन लाना, गैस लाना, दवा लाना
बच्चों की फ़ीस भरना,
बिजली का बिल भरना,
मोबाइल रिचार्ज करना,

कपड़े जूते आदि ख़रीदना,
साबुन शैम्पू ख़रीदना,
सब्ज़ी ख़रीदना,
हर एक इंसान एक आम इंसान
यही तो रोज़ करता,
रोज़ कमाता रोज़ ही खर्च करता,
किसी दिन काम नहीं भी होता,
आख़िर वो भी तो कभी बीमार पड़ता होगा,
वहाँ भी तो कभी हड़ताल, कभी बाढ़,
कभी लूह कभी शीतलहर पड़ती होगी,
उस दिन वो क्या करता कैसे रहता होगा।

लोग

जब रिश्ते गहरे होने लगते
तो लोग उन्हें तोड़ने लगते,
जब घाव गहरे होने लगते
तो लोग दिन गिनने लगते,
जब आप ऊँचे उठने लगते
तो लोग कहानियाँ सुनाने लगते
कि क्या था ही उसके पास,
वो ऐसा था वो वैसा था,
लोग हैं लोगों को उनकी तरह ही रहने दो,
जब आप मुड कर कभी
पीछे देखते हो तो एक लंबी
बहुत लंबी सड़क दिखाई देती
और लोग एक किनारे पर
तो आप दूसरे किनारे पर होते।

मेरा मकान

मेरा शहर का मकान जहाँ खड़ा है,
वर्षों पहले वहाँ एक बूढ़ा मकान था,
और उससे वर्षों पहले जब
बूढ़े मकान कि नींव पड़ी
तो चारों तरफ़ सिर्फ़ वीराना था,
कुछ जंगल के पेंड थे, कुछ गड्ढे थे,
उसके सामने से गुजरती
इकलौती सड़क थी,
जिस पर कभी-कभी कोई बस जीप
या किसी साहब की एंबेसडर गुजर जाती थी,
मेरे उस बूढ़े मकान के पीछे ख़ाली ज़मीन थी
जिस पर अरवी के पत्ते फैले होते
जो अपने आप ही उग आयी थीं,
इसके ठीक पीछे बड़ा सा तालाब था,
जिसमें मछलियाँ पलती थीं,
कभी कभी तो अपने बूढ़े मकान की दीवार पर बैठ
मछलियाँ मारा करते थे,
आज भी याद है मैंने बहुत बार कंतिया लगाया था,
यह दृश्य आज भी कई बार मेरे सपने में आता है,
उठ बैठता हूँ, और सालों पीछे चला जाता,
आज जब अपने मकान कि छत से देखता हूँ
तो ढूँढता वो अरबी का पेंड, वो तालाब वो पुराने गड्ढे
जंगली पेंड, मेरे मकान के ठीक सामने जामुन का पेंड था,
शायद उसकी उम्र 30-35 साल या उससे भी ज्यादा की होगी,
क्या किसी ने उस वीरान जगह में ये जामुन का पेंड लगाया होगा?
या फिर ऐसे ही उग आया होगा।

आज जब उस बूढ़े मकान के बारे में
सोचता तो लगता है
कि वो समय कितना उदास था,
शहर की रंगीन लाइट नहीं थी,
बिजली भी हमेशा नहीं रहती थी,
मोटर गाड़ियाँ नहीं थीं,
पर एक चीज थी कि लोगों में
मेलज़ोल था, अपनापन था,
सभी धर्मों के त्योहार लोग
मिलजुल कर मनाते थे,
आज भी वो बूढ़ा मकान
बहुत कुछ बयान करता है,
ना जाने कितना कुछ अपने अतीत में
छुपा कर रखा है।

घुटन

घूँटता है मन,
अफ़नाहट सी अब होती है,
सांस लेना भी मुश्किल हो जाता है यहाँ,
भागता हूँ मंज़िल की तलाश में,
थक जाता हूँ, रुकता हूँ फिर
बैठ जाता किसी पेंड की छाँव में,
सोचता हूँ की मेरी मंज़िल कौन सी है,
किस मंज़िल की तलाश में हूँ,
एक जानवर की मंज़िल
उसका भोजन है फिर
इंसान की मंज़िल कहाँ है,
धन पद या प्रतिष्ठा।
यही मंज़िल है?
बहुत सोचता हूँ विचार करता हूँ।
हार जाता हूँ अपने से ही
लड़ता रहता हूँ
मेरी लड़ाई तो ख़ुद से है।

राखी

अब तो सबकुछ
बाज़ार में ही मिल जाता है,
जब हम भी बच्चे थे
तो राखी ख़रीदते
और तरह तरह की राखी
रंग बिरंगे राखी,
कई कई दिन तक हम
हाथ भी संभल कर धुलते
की कहीं राखी ख़राब ना हो जाये,
जिस हाथ में राखी बंधी होती
उस हाथ से ज्यादा काम नहीं लेते
कि उस राखी की और
उस राखी से जो हाथ की शान थी
कम ना होने पाये और
रात को जब सोते तो राखी वाले हाथ को
एक किनारे रखते कि गलती से
सोते हुए टूट ना जाये,
बचपन था, बहुत ही मधुर और
रमणीय समय था,
अब हम थोड़े बड़े हो गये,
ज़िम्मेदारियों से लद गये।
समय ऐसे गुज़रता रहेगा
कारवाँ ऐसे बढ़ता रहेगा।
राखी का रंग रूप बदलता रहेगा
पर ये प्यार कभी ना कम होगा
यह एहसास कभी ना कम होगा।

ख्वाबों का मेला

ख़्वाबों के मेले में
ख़्वाब ढूँढते रहे,
आँखों में भरकर समंदर
किनारे ढूँढते रहे,
गिरा जब टूटकर टहनी से पत्ता,
ज़मीन चारों ओर
आसमान देखते रहे,
कहा दुनिया वालों से
किधर जा रहे हो,
जलते दिये को
क्यों बुझाए जा रहे हो,
रोशनी मिलेगी
ना जन्नत मिलेगा,
मन्नत यहाँ की
क्यों छोड़े जा रहे हो,
ख़्वाबों का दरिया है
बहुत दूर तक बिखरा है,
पाओं में छाले अब नज़र आ रहे हैं,
ख़्वाबों के मेले में ख़्वाब ढूँढते रहे,
आँखों में भरकर तसव्वुर
मंज़िलें ढूँढते रहे,
बेबसी और इंतज़ार में
उम्र ढलते रहे,
कल्पनाओं की लकीरें
बढ़ती चलीं गयीं
बस एक क़दम और

कहते चले गये,
पीछे जो मुड के देखा
हौसला कम पड़ गया,
कहाँ हम खड़े थे कहाँ आ गये,
ख़्वाबों के मेले में ख़्वाब ढूँढते रहे,
इस जहाँ की दौड़ में
ख़ुद को जला दिया,
मिला ना कोई ठिकाना
आशियाना भी खो दिया,
हमसफ़र तो थे बहुत,
मगर पतझड़ की तरह
वो भी बिखरते चले गये,
ख़्वाबों के मेले में ख़्वाब ढूँढते रहे,
आसमान से चले थे तोड़ने
तारों का गुच्छा,
बादलों में उड़ने का था
एक अलग ही जज्बा,
हवाओं का झोंका कुछ ऐसा चला,
ख़्वाबों का मेला
कुछ ऐसे उड़ा,
आँधी जब थमी तो
ख़ुद को किनारे पड़ा देखा,
ख़्वाबों के मेले में ख़्वाब ढूँढते रहे।

दौड़

दौड़ लगाता रोज़, पर
हारता भी हूँ रोज़,
जीत किसको कहूँ, हार को
या फिर जीत को,
जीत किसको कहूँ, पैसा
या फिर काम को किसी नाम को,
हार किसको कहूँ
एक हल्की मुस्कान को या
रात में सोते उस गहरी नींद को,
दौड़ लगाता रोज़ पर
जीत भी जाता हूँ किसी रोज़,
मैं खुश हूँ या नहीं
क्या फ़र्क़ पड़ता किसी को,
वो खुश हैं तो उसे ही जीत कहते हैं
उसे ही प्रीत कहते हैं,
दौड़ लगाता रोज़
पर खो देता हूँ बहुत कुछ रोज़,
ढह जाता हूँ आकर अकेले
अपने बिस्तर पर किसी रोज़,
कभी कभी अपने से भी
हार जाता हूँ किसी रोज़,
दौड़ लगाता हूँ मैं रोज़।

ऐसा था मेरा मकान

खपरैल का मकान था
मकान में एक दालान था,
दालान के आगे अंगना था,
अँगने में एक नल था,
नल के आगे खिरकी था,
खिरकी से लगे ढेंका था,
अँगने के एक ओर कमरा था,
कमरे में ऊपर बड़ेरी था,
बड़ेरी पर दाउरी और मौनी था,
कमरे के आगे रसोई था,
रसोई में मिट्टी का चूल्हा था,
खपरैल का मकान था,
मकान में मिट्टी की दीवार थी,
दीवार में कई गड्ढे थे,
गड्ढे में आलमारी थी,
आलमारी में पीतल का डब्बा था,
डब्बे में गट्टा और लचीदाना था,
ऐसा मेरा मकान था।

ज़िंदगी यूँ ही

ज़िंदगी यूँ ही चलती रहेगी, कल हम बच्चे थे,
उँगली पकड़ कर चलते थे,
आज हम जवान हैं कल फिर
बूढ़े होंगे और फिर एक दिन हम ना होंगे,
ज़िंदगी यूँ ही चलती रहेगी,
कल ना किसी की फ़िकर थी,
आज थोड़ी चिंता है, कल फिर थोड़े ठहर जाएँगे,
फिर एक दिन दुनिया में ना होंगे,
ज़िंदगी यूँ ही चलती रहेगी,
कल तक कुछ ना जोड़ा था,
आज थोड़ा जोड़ा है कल वही हम भोगेंगे,
उसी सहारे जियेंगे, एक दिन वो भी छोड़ चले जाएँगे,
ज़िंदगी यूँ ही चलती रहेगी,
बचपन में माँ बाप कुछ भी नहीं थे,
जवानी में उनको अकड़ दिखाते थे,
आज उनको खोजते हैं जब हमारे साथ नहीं,
ज़िंदगी यूँ ही चलती रहेगी ,
आज के सभी कल के शिक्षक होंगे,
आज कुछ समझ नहीं आता
पर कल हम सोचेंगे, कैसे जिया फिर
याद आयेंगे कल के बुजुर्ग
याद आयेंगे रिटायर्ड शिक्षक,
ज़िंदगी कल भी ऐसे ही थी
और आज भी ऐसे ही
उसी रफ़्तार से चलती जा रही है,
ज़िंदगी यूँ ही चलती रहेगी।

धूप छाँव

धूप और छाँव में गुजरते हैं
जब ऊबड़ खाबड़ राह से,
कभी टूट कर हताश होकर गिर ना पड़ें
तो एहसास होता है जब
पुरखे ऐसे ही और भी दुर्लभ राहों से
गुजरे होंगे की आज
उनकी चल पड़े कदमों से
रास्ता बना लिया और अब
दौड़ रहे हैं हम,
धूप और छाँव में
गुजरते हैं जब किसी चौड़ी
साफ़ चिकनी सड़क से
और देखते हैं दोनों तरफ़ के
आलीशान बड़ी बड़ी इमारत से होकर
ढूँढते किसी सूरज को,
मॉल है या अस्पताल,
कॉलेज है या कोई ऑफिस,
स्कूल है या कोई
इंडोर गेम का महल,
कभी यहाँ से गुजरे होंगे
हमारे ही पुरखे,
पैरों में शायद टूटी फटी
प्लास्टिक की चप्पल,
कंधे पर गमछा,
एक हाथ में लाठी तो
दूसरी में गठरी,

जिसमें रखा होगा, भूजा, सत्तू, भेली,
भरुआ अचार, नमक जो
जाते रहे होंगे कचहरी
किसी मुक़दमा की पैरवी करने,
जहां कोई काले कोट वाला
साथ हो लेता होगा
अपनी फ़ीस लेने के लिए,
और हमारे पुरखे
साहब साहब करके,
अपने फटी एड़ियों वाले पैर से
वही कई बार सिला जूता
दफ़्तर के बाहर किनारे की तरफ़
निकाल कर अंदर गये रहे होंगे
और साहब को झुंक कर
नमस्ते करके बहुत हिचक के साथ
डरते हुए अपनी आज की
पैरवी के बारे में
बात शुरू किए होंगे।
हम कितनी जल्दी उन्हें भूल जाते
जो घिस घिस कर हमें
यहाँ तक पहुँचा गये,
कितनी जल्दी किसी को
अपना बना लेते जो
कुछ पल घंटे या कुछ दिन
पहले ही मिले जो
वक़्त ही बताएगा
वो शख़्स मेरे लिए कितना ख़ास है,
कितना पास है।

धूप में सना हूँ

धूप में सना हूँ
अंधेरों से लड़ा हूँ,
गिरा हूँ उठा हूँ,
फिर आगे बढ़ा हूँ,
काँटों से भरा डगर ये
तलवों से कुचलता चला हूँ,
आपदा विविधता भाषा परिवेश
भावना धर्म जाति सबसे परे
घुटते हुए रास्ता बनाते
दुख दर्द सहते
उबलते समाज से आगे निकल
एक पड़ाव पार कर मुट्ठी में समेटा,
कई दिन चला कई रात तपा
रहा ना कोई साथ,
बढ़ता ही गया चलता ही गया।
बढ़ाया ना कोई हाथ
सिखाया ना कोई चाल,
रही है कई बात दिल में भी आज,
कैसा ये समाज है
हर कदम पर धोखा है
हर एक पग एक नई बिसात है
एक नई चाल है,
छल है छलावा है चारों ओर बस भ्रम है,
शक है डर है वेदनाओं से भरी
कैसी ये परिस्थिति है,
किस ओर भागें किस और जायें,

ज़हरीले साँपों का
अद्भुत ही जाल है,
हज़ारों में हज़ार
पीछे पड़े सब आज,
देने को हरदम मात
बुनते हैं नयी कोई बात,
जो खोया उसे भूला
एक नया डगर हरदम मैंने खोजा,
गिराने को लोग रात रात जगे,
षड्यंत्र कोई ना कोई रचे,
ना पीछे देखा ना पीछे मुड़ा,
फुरसत ही कहाँ,
उठता ही गया उड़ता ही गया,
कौन छूटा कौन क्या बोया,
फिर भी मैं अच्छे से सोया
कभी नहीं किसी वक़्त रोया,
छूता गया बुलंदियों को
सहलाता गया बादलों को
चूमता गया सितारों को,
धूप में सना हूँ अंधेरों से लड़ा हूँ,
गिरा हूँ उठा हूँ,
फिर आगे बढ़ा हूँ,
घनघोर अंधेरा भयावह राह
आगे ना पीछे कोई भी आह,
भ्रम और भ्रांतियाँ शक
और संदेह मिला मुझको
ना जाने कितनी बार,
चीर के निकला हूँ,

पथ छीन के चला हूँ,
आग का गोला
सीने में दबा के बढ़ा हूँ,
मानव का जीवन
पहाड़ चीर के सजाया हूँ,
हारा हूँ कई बार पर
जीता भी कई बार,
अपनी साँसों को मोड़ कर
पिया हूँ कई बार जिया हूँ,
घुटता है दम जब देखता चहुँओर,
भाग रहे है सब लोग
पता नहीं किस ओर
कहीं और कहीं और,
नहीं है कोई ठौर
नहीं है कोई पौर,
कभी ये शहर तो कभी वो शहर,
लालच और लालसा
भोग और विलासता
बनिये का दिमाग़
दुकानों का भ्रम जाल
कर दिया हर किसी को
व्याकुल और परेशान,
प्रकीर्ति की गोंद में
आसमान की छाँव में पले थे
बढ़े थे पढ़े और लिखे थे,
थोड़ा ज्ञान जब आया
तो इनके ही पीछे पड़े थे।

महसूस

हाँ कभी कभी
मैं महसूस करता हूँ
मैं छला जा रहा हूँ,
बाद में यक़ीन होता की वो सच था,
जब मैं तसल्ली दे देता ख़ुद को
तो तकलीफ़ होती
दिल में मन में मेरी रूह में,
फिर सोचता ढाढ़स देता ख़ुद को
और कुछ दिनों में भूल कर
फिर आगे बढ़ जाता।
अजीब और अजूबे लोग ही हैं
जो कभी जीवन में कुछ
कर नहीं पाये
और जो खटकता है वो ये
की उनके साथ ही रहकर
कोई चल कैसे सकता।
महसूस करता हूँ उस बेचैनी को
उस तड़प को।
किताबों पर सर रख
सजदा करता हूँ,
सब किताबें क्यों नहीं पढ़ते,
पढ़ते तो शायद
बहुत कुछ ख़ुद से ही
सुलझा सकते,
हम पढ़ाई को सिर्फ़
किसी का नौकर होने में ही

महानता दिखाते
लोगों को भी यही ज्ञान सिखाते।
पर असल में मैं महसूस करता हूँ
पढ़ाई पढ़ाई ख़त्म होने के
बाद ही शुरू होती।
हाँ मैं महसूस करता हूँ की
मुझ पर हंसा जा रहा है,
मैं धीरे से मुस्कुरा देता
उन सबकी मज़ाक़ पर
शायद वो मुझे समझ नहीं पाये
मुझे पढ़ नहीं पाये,
मैं ये महसूस करता हूँ
लोग सुबह से सोने तक
एक शब्द और उन शब्दों से बने वाक्य,
एक ही वाक्य
रोज़ ही किया करते,
ना कोई नया शब्द होता
ना कोई नयी बात,
कभी किसी ने इस पर गौर किया?
नहीं किया कौन सोचे
किससे कितना और
क्या कब बोलना है,
मैं महसूस करता हूँ अंदर से आती
एक गहरी सांस को
जो कुछ नये शब्दों को
ज़ुबान पर रखना चाहती,
पर क्या करें
कोई महसूस ही नहीं करता।

मैं महसूस करता हूँ
लोग खो गये हैं
अब किसी के पास कोई
विचार ही नहीं है,
हर कोई बस
एक ही जीवन जीना चाहता है,
दूसरों की दुनिया सबको पसंद है,
अब उसके लिए वो
मरे जा रहे मारे मारे फिर रहे।
वो ख़ुद क्या हैं
कितनी बड़ी सौग़ात उसे
यहाँ मिली कोई ये
महसूस ही नहीं करता।
दु ःख होता है हम
आने वाली पीढ़ी को क्या देंगे,
उन्हें कौन सी कहानी सुनायेंगे,
जब वो बड़े होंगे
थोड़ा समझदार होंगे
तो हम पर वो हँसेंगे,
बात यहीं ख़त्म नहीं होगी
उन्हें वही लड़ाई फिर लड़नी होगी
ख़ुद से समाज से
जो हमने नहीं लड़ी,
हम भाग गये उस जंग से,
हम खोये रहे दूसरों की दुनिया में,
फिर वही कहानी शुरू होगी
जहां से छोड़ हम भागे थे,
लड़नी होगी वही लड़ाई

जिसे छोड़ हम भागे थे,
आने वाली पीढ़ी में
किसी ना किसी को
तैयार रहना होगा,
जिस डर से हम भागे थे
उस डर को
अपनी ताक़त बनाना होगा,
मैं महसूस करता हूँ ये अक्सर।

9 788197 950551

Printed at Repro India Ltd.